贵州省科技计划项目（黔科合基础
贵州绿色发展战略
农林经济管理省级一流本科专

U0454864

科技型企业成长梯队
高质量发展机制与路径选择研究

KEJIXING QIYE CHENGZHANG TIDUI
GAOZHILIANG FAZHAN JIZHI YU LUJING XUANZE YANJIU

熊肖雷／著

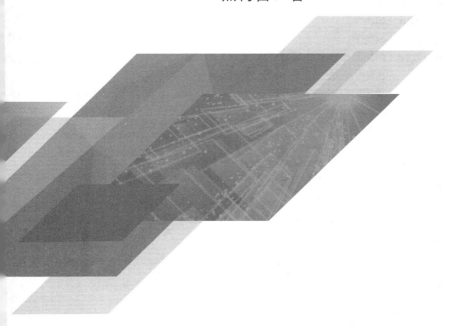

四川科学技术出版社

图书在版编目（ＣＩＰ）数据

科技型企业成长梯队高质量发展机制与路径选择研究/
熊肖雷著. —— 成都：四川科学技术出版社，2024.5
ISBN 978-7-5727-1332-3

Ⅰ.①科… Ⅱ.①熊… Ⅲ.①高技术企业—企业发展
—研究—中国 Ⅳ.①F279.244.4

中国国家版本馆CIP数据核字（2024）第089499号

科技型企业成长梯队高质量发展机制与路径选择研究

著　　　者	熊肖雷	
出 品 人	程佳月	
责任编辑	胡小华	
责任出版	欧晓春	
出版发行	四川科学技术出版社	
	成都市锦江区三色路238号　邮政编码 610023	
	官方微博：http//weibo.com/sckjcbs	
	官方微信公众号：sckjcbs	
	传真：028-86361756	
成　　　品	145 mm × 210 mm	
印　　　张	7.75　　　字数　160　千	
印　　　刷	成都一千印务有限公司	
版　　　次	2024年5月第1版	
印　　　次	2024年5月第1次印刷	
定　　　价	48.00元	

ISBN 978-7-5727-1332-3

邮购：成都市锦江区三色路238号新华之星A座25层　邮政编码：610023
电话：028-86361758

/// 内容简介 ///

本书基于产业创新视角，借鉴企业成长理论，综合运用结构方程模型、探索性因子分析法、验证性因子分析法、二元 Logistic 模型、有序 Logistic 模型、主成分分析法、层次分析法、专家评分法、分区域与分层相结合的随机抽样调查等研究方法，对科技型企业成长梯队高质量发展机制与路径选择进行系统的理论和实证研究。本书的主要内容包括：科技型企业成长梯队的发展现状、科技型企业成长梯队发展环境的影响因素、科技型企业成长梯队发展环境评价指标体系构建、科技型企业成长梯队协同创新行为、科技型企业成长梯队高质量发展机制、科技型企业成长梯队高质量发展的路径选择等。

本书适合技术创新、协同创新、产业创新等研究领域的理论工作者阅读，也适合从事微观计量分析、产业经济分析和企业管理的科研工作者阅读，既可以作为普通高等院校产业经济学、企业管理学专业本科生、研究生的教学参考资料，亦可作为科研院所、科技型企业的专家、学者、企业家从事企业高质量发展科学研究和制定企业发展战略规划的参考资料。

前　言

　　高质量发展已经成为新时代中国经济发展的主旋律，党的十九大首次提出高质量发展和乡村振兴战略，表明中国经济已由高速增长阶段转向高质量发展阶段。新时代产业振兴背景下，科技型企业成长梯队的高质量发展，已成为新时代引领传统产业实现绿色转型、促进高科技产业绿色发展的关键路径。科技型企业作为产业创新的主体，是推动国家和地方经济发展、促进科技进步的核心力量，是创新驱动发展战略实施的重要载体，而科技型企业成长梯队的发展壮大则是实现地方经济增长的重要推动力量。当前，科技型中小企业是否能够重新整合优势创新资源，实现梯队高质量发展，参与国际竞争，受到内外部发展环境的诸多制约，科技型企业成长梯队的高质量发展对于促进传统产业结构优化升级，提升科技型中小企业技术创新能力，增强不同类型科技型企业的市场竞争能力，壮大发展具有地方优势和特色的科技产业，增加大学生就业供给岗位和提高科技人员收入均具有重大现实意义。为此，本研究基于企业成长视角，界定了科技型企业成长梯队的内涵，动态分析了科技型企业成长梯队的发展现状，指出科技型企业成长梯队高质量发展存在的主要问题；基于产业创新视角，运用层次分析法构建了科技型企业成长梯队高质量发展影响因素的指标体系，构建了"基于产业创新的科技型企业成长梯队发展环境评价指标体系理论模型"，从理论层面建立了科技型企业成长梯队发展环境的评价指标体系，分析了创新要素、共享机制与科技型企业成长梯队高质量发展之间的作用机理，探讨了优势资源对科技型企业成长梯队高质量发展的影响机理；基于企业成长理论，建立了基于企业成长的科技型企业成长梯队高质量发展机理模型，系统分析了企业资源、企业能力、企业成长环境与科技型企业成长梯队高质量发展的作用机理，综合运用结构方程模型、探索性因子分析法、验证性因子分析法、二元Logistic 模型、有序 Logistic 模型、主成分分析法、层次分析法、专家评分法、分区域与分层相结合的随机抽样调查等研究方法，采用科技型企业成长梯队的问卷调查数据，对科技型企业成长梯队发展环境的影响因素及高质量发展机制进行了理论和实证研究，依据实证研究结果，提出科技型企业成长梯队高质量发展的可行路径。实证结果发现：（1）资金信贷环境和技术环境是非常重要的一级指标，市场环境、人力资源环境和政策创新环境是比较重要的一级指标，表明营造良好的科技型企业成长梯队发展环境更需要资金信贷、技术、市场环境、人力资源和政策的支持；（2）文化环境与社会服务环境的重要程度较小，表明科技型企业成长梯队对文化创新与服务创新不敏感；（3）研发人才储备、科研人才素质、市场占有率、知识扩散程度、市场结构、信贷支持、激励机制合理性、技术创新能力对提升科技型企业成长梯队高质量发展能力具有显著、正向影响；（4）优势资源对科技型企业成长梯队高质量发展并不具有直接影响效应，但具有间接影响效应；协同机制和战略合作均对科技型企业成长梯队高质量发展具有中介效应；（5）信息资源和行业资源的互补性较差，对科技型企业成长梯队高质量发展意愿的互补性影响不显著，不是科技型企业成长梯队参与高质量发展的主要影响因素，而产业资源和市场资源对科技型企业成长梯队高质量发展意愿的互补性影响较显著，是科技型企业成长梯队参与高质量发展的主要影响因素；（6）技术资源和人力资源在科技型企业成长梯队之间可以同时实现优势创新资源的最优互补效应，是科技型企业成长梯队参与高质量发展的关键影响因素；（7）外部创新环境可以同时调节技术资源、人力资源、产业资源和市场资源，实现优势创新资源在科技型企业成长梯队之间的互补效应；（8）信息资源和文化环境对科技型企业成长梯队的高质量发展影响不显著，而政策环境、人才资源、科研开发能力、技术创新能力、技术资源、产业环境和市场创新能力则对科技型企业成长梯队的高质量发展具有显著影响，其中，政策环境、人才资源和科研开发能力是影响科技型企业成长梯队高质量发展的关键因素。因此，笔者提出设立政府专项扶持科研基金，完善高层次人才引进激励机制，打通政产学研高层次人才双向自由流动绿色通道，设立企业科技成果专项奖励基金，建立科技型企业自主研发的新品种、新技术、新产品及专利保护的长效机制等政策建议。

本书汇聚了贵州省科技计划项目"贵州省科技型企业成长梯队的发展环境与培育路径研究"（黔科合基础〔2017〕1509-2）的所有研究成果，反映了国内外关于科技型企业成长梯队高质量发展和路径选择的最新研究进展。本书基于产业创新视角，借鉴高质量发展和企业成长理论系统构建了科技型企业成长梯队高质量发展的理论研究体系，综合运用多种定量研究方法，采用我国中西部地区科技型企业的问卷调查数据，对科技型企业成长梯队高质量发展机制进行了实证研究，研究结论对深入探索我国中西部地区科技型企业成长梯队高质量发展的实现路径具有一定理论意义和实践价值。

本书的创新之处主要包括：研究视角创新、理论创新和研究方法创新。研究视角的创新主要表现在基于产业创新视角，系统构建了科技型企业成长梯队发展环境的评价指标体系；理论创新主要表现在借鉴企业成长理论，建立了科技型企业成长梯队高质量发展机制的理论分析框架；研究方法创新主要表现在：综合运用结构方程模型、探索性因子分析法、验证性因子分析法、二元 Logistic 模型、有序 Logistic 模型、主成分分析法、层次分析法、专家评分法、分区域与分层相结合的随机抽样调查法，对科技型企业成长梯队发展环境的影响因素、科技型企业成长梯队发展环境评价指标体系构建、科技型企业成长梯队协同创新行为和科技型企业成长梯队高质量发展机制进行实证研究，依据实证研究结果，提出了科技型企业成长梯队高质量发展的可行路径。

本书集文献研究、现状研究、调查研究、理论研究、实证研究及对策研究为一体，从产业创新视角，运用企业成长理论阐述了科技型企业成长梯队高质量发展的基本原理及实现路径，研究内容丰富，分析论证充分，构建了新的理论分析框架，提出了新见解，为理论研究者进一步深入研究该领域提供了理论依据，为科技型企业高层管理者制定企业高质量发展战略提供了一定决策参考。同时，由于本书是作者独立完成，且研究区域较广，研究经费有限，实证分析工作量较大，导致本研究可能还存在许多有待于进一步完善的不足之处，在此，敬请读者批评指正。

贵州财经大学经济学院

熊肖雷

2024 年 5 月 13 日

目　录

1 导论

1.1 研究背景及意义

高质量发展已经成为新时代中国经济发展的主旋律，党的十九大首次提出高质量发展的表述，表明中国经济已由高速增长阶段转向高质量发展阶段。科技型企业作为产业创新的主体，是推动国家和地方经济发展、促进科技进步的核心力量，是创新驱动发展战略实施的重要载体。党的十九大报告提出，深化科技体制改革，建立以企业为主体、市场为导向、产学研深度融合的技术创新体系，加强对中小企业创新的支持，促进科技成果转化。2019年中共中央办公厅、国务院办公厅印发《关于促进中小企业健康发展的指导意见》指出，随着国际国内市场环境变化，中小企业面临的生产成本上升、融资难融资贵、创新发展能力不足等问题日益突出。科学技术部（简称科技部）印发《关于新时期支持科技型中小企业加快创新发展的若干政策措施》的通知（国科发区〔2019〕268号）指出，要培育壮大科技型中小企业主体规模。

科技型中小企业是我国科技创新的主要载体和经济增长的重要推动力量，中小企业的发展环境已受到国家和地方政府的高度重视，而科技型企业是中小企业实现科技创新、增强自主创新能力的领头羊，是改善、提升中小企业专业化发展能力和融资发展水平，促进中小企业健康发展的生力军。近年来，贵州省为加快培育企业技术创新主体地位，持续推动科技型企业技术创新，培育一批具有发展潜力的科技型企业，打造贵州省科技型企业成长梯队，推动新常态贵州经济的跨越式发展，先后发布了《贵州省孵化培育一批创新型领军企业和重大创新项目实施办法》（黔科领〔2013〕2号）、《贵州省科技型企业成长梯队遴选及管理办法》（黔科通〔2015〕104号）等，以此支持科技型企业提升技术创新能力，培育科技型企业成长梯队，推动新时代贵州经济实现科技引领的跨越式发展。贵州省科学技术厅（简称科技厅）为大力实施贵州省科技型企业成长梯队培育行动计划，把培育科技型中小企业作为调结构、转方式的重要突破口，成立了贵州科技资源服务网，为科技型中小企业创新营造公平竞争的环境，从而达到科技创新驱动的目的。

贵州省科技型企业成长梯队培育行动计划实施以来，贵州省一批科技型中小企业得以迅猛发展，迸发出前所未有的市场活力。2016年全省科技型成长梯队企业总数已达802家，占全省科技型企业总数的14.6%。其中，大学生创业企业154家，科技型种子企业265家，科技型小巨人成长企业250家、科技型小巨人企业102家，创新型领军企业培育企业31家。2017年贵州省科技型成长企业达935家，其中大学生创业企业154家、科技型种子企业393家、科技型小巨人成长企

2

业 277 家、科技型小巨人企业 111 家、创新型领军企业培育企业 33 家，表明贵州省科技型企业成长梯队的发展已初具规模。

在新时代创新驱动战略和经济高质量发展背景下，科技型中小企业是否能够重新整合优势创新资源，组建新型航母，实现梯队发展，参与国际竞争，受到内外部发展环境的诸多制约。因此，深入研究科技型企业成长梯队的发展环境和路径选择，对于促进传统产业结构优化升级，提升科技型中小企业的技术创新能力，增强不同类型科技型企业成长梯队的市场竞争能力，壮大发展具有地方优势和特色的科技产业，增加大学生就业供给岗位和提高科技人员收入均具有重大现实意义。科技型企业成长梯队高质量发展机制和路径选择的研究，在一定程度上能为中西部地区培育更多创新型领军企业和为科技型小巨人企业提供支持政策，也能为科技型企业成长梯队整合优势创新资源，增强自主研发能力和高质量发展能力提供决策参考。本研究的应用价值在于可以在一定程度上为中西部地区推动传统产业向高科技产业转型升级提供决策依据，也可以为中西部地区科技型企业成长梯队提升技术创新能力，优化内外部资源配置，实现科技型企业成长梯队高质量发展提供决策参考。

1.2 研究目标

本研究旨在从产业创新和企业成长角度，对科技型企业成长梯队进行新的界定，指出科技型企业成长梯队的基本特征，综合运用企业成长理论和微观经济学基本原理，系统构建科技型企业成长梯队高质量发展的理论分析框架，提出科技型企业成长梯队的高质量发展机理，构建科技型企业成长梯队发展环境的评价指标体系，综合运用多种研究方法建立计量经济模型。基于中西部地区科技型企业成长梯队的问卷调查数据，实证研究中西部地区科技型企业成长梯队高质量发展的影响因素和实现机制，以实证结果为依据，提出科技型企业成长梯队高质量发展的可行路径。

1.3 研究内容

本研究基于产业创新视角，借鉴企业成长理论，通过研究科技型企业成长梯队的发展现状，系统构建科技型企业成长梯队高质量发展的理论分析框架，建立科技型企业成长梯队发展环境的评价指标体系并进行实证检验。对科技型企业成长梯队发展环境的影响因素和高质量发展机制进行理论研究和实证研究，以实证结果为依据，提出科技型企业成长梯队高质量发展的可行路径，主要研究内容如下。

内容一：科技型企业成长梯队的发展现状研究。

内容二：科技型企业成长梯队发展环境的影响因素研究。

内容三：科技型企业成长梯队发展环境评价指标体系构建。

内容四：科技型企业成长梯队协同创新行为研究。

内容五：科技型企业成长梯队高质量发展机制研究。

内容六：科技型企业成长梯队高质量发展的路径选择研究。

1.4 研究方法

基于上述研究目标和研究内容，本研究采用理论与实证相结合、定性与定量相结合的经济学研究范式，主要研究方法包括结构方程模型、探索性因子分析法、验证性因子分析法、二元 Logistic 模型、有序 Logistic 模型、主成分分析法、层次分析法、专家评分法、分区域与分层相结合的随机抽样调查法。

1.5 数据来源

本研究的基础数据主要包括宏观数据和微观数据。宏观数据来源于历年的《贵州统计年鉴》和贵州省科技厅的官网数据，微观数据来源于专家访谈和对四川、云南、贵州、重庆、陕西、甘肃、湖南、河南 8 省（市）科技型企业成长梯队的抽样调查和问卷调查。

1.5.1 样本选择

依托国家社会科学基金一般项目"基于商业化育种视角的农作物种业科企合作的实现机制研究"和贵州省科技计划项目"贵州省科技型企业成长梯队的发展环境与培育路径研究"（黔科合基础〔2017〕1509-2），本研究以科技型企业成长梯队高质量发展为研究对象，以科技型企业成长梯队的主要负责人为调查对象进行访谈和问卷调查。为此，本研究采用分区域与分层相结合的随机抽样方法选取调查样本，以科技型成长梯队作为调查单位。首先，把中西部地区的8省（市）作为总体区域，按照样本总体的区域分布，从总体中抽出样本企业数目大于5家的地级市；其次，从抽中的每一个地级市中抽出科技型企业成长梯队；再次，从抽中的科技型企业成长梯队中，按照地理分布特征，在每个省（市）随机抽出3~5个县（市、区）；最后，从抽中的每个县（市、区）不放回随机抽取符合设定条件的2~3个样本企业。样本企业包括大学生创业企业、科技型种子企业、科技型小巨人成长企业、科技型小巨人企业和创新型领军企业培育企业5种类型，样本分布范围较广，具有较好的代表性。

1.5.2 数据收集

本研究的宏观数据来源于中国知网查询到的历年《贵州统计年鉴》，微观数据来源于对中西部地区8省（市）科技型企业成长梯队的调查数据。为此，本研究选择科技型企业成长梯队作为实证对象进行实地调研，采用实地访谈与问卷调查相结合的方式来获取样本数据，实证研究的样本数据来源于对中西部地区8省（市）科技型企业进行的抽样调查，问卷调查的区域包括四川、云南、贵州、重庆、陕西、甘肃、湖南、河南8省（市）。调查方法是采用"一对一专访"方式，整个调研共发放问卷821份，实际获得的有效问卷为786份，问卷有效率达到95.73%，数据来源具有较好的代表性。

1.6 创新之处

本研究的创新之处主要包括：研究视角创新、理论创新和研究方法创新。研究视角的创新主要表现在基于产业创新视角，系统构建了科技型企业成长梯队发展环境的评价指标体系；理论创新主要表现在借鉴企业成长理论，建立了科技型企业成长梯队高质量发展机制的理论分析框架；研究方法创新主要表现在：综合运用结构方程模型、探索性因子分析法、验证性因子分析法、二元Logistic模型、有序Logistic模型、主成分分析法、层次分析法、专家评分法、分区域与分层相结合的随机抽样调查法，对科技型企业成长梯队发展环境的影响因素、科技型企业成长梯队发展环境评价指标体系构建、科技型企业成长梯队协同创新行为和科技型企业成长梯队高质量发展的机制进行实证研究，依据实证研究结果，提出了科技型企业成长梯队高质量发展的可行路径。

2 文献综述与理论基础

2.1 文献综述

2.1.1 国内外相关研究梳理

　　科技型企业的发展已经受到国内外学者的广泛关注，学者们从不同角度对科技型企业的发展进行了理论和实证研究。已有关于科技型企业成长的研究表明：科技型企业已成为我国自主创新体系的重要组成部分，科技型企业的自主创新主要是依托企业内部，甚至外部的科研人员进行自主创新研发。企业间通过战略合作与技术转移引导科研成果迅速向企业内转化，通过推动产学研合作促进科研产业化，政策支持上总体对科技型企业成长具有正向影响，企业资源、技术创新均是影响科技型企业成长的关键因素。创新是企业发展必不可少的要素，企业内部各生产要素之间的关联程度对企业集群有重大影响。企业可以选择以降低成本为目的的技术创新，也可以选择以提高质量为目的的技术创新。科技型企业更要加强对创新的重视。区域环境因素对科技型企业发展存在正向影响，企业伦理对企业绿色创业导向和企业竞争优势产生重要影响，技术创新是网络中心维度和企业成长关系之间的中介，而软环境则对科技型小微企业的发展具有显著影响。创造性、积极性及风险性共同促进科技型企业的发展，创造性和积极性是正影响，风险性则是负影响，应该加强科技型企业产品研发和人力资本的资金投入，使得科技型企业成为科技创新的主体。科技型企业作为产业创新的主体，是推动国家和地方经济发展、促进科技进步的核心力量，是创新驱动发展战略实施的重要载体。当前科技型企业的发展已经受到国内外学者的广泛关注，学者们从不同角度对科技型企业的发展进行了理论和实证研究。梳理国内外相关研究可以发现，当前关于科技型企业发展的研究主要聚焦于科技型企业的成长路径、成长环境、成长影响因素、创新能力和成长机制5个方面。

2.1.1.1 科技型企业的成长路径研究

已有关于科技型企业成长路径的研究表明，科技型中小企业成长的路径取决于制定法律、优化促进政策、拓宽融资渠道、对接产业规划、完善公共服务体系（汪锋等，2014）。林毅夫（2012）认为，科技型企业的成长取决于企业的自身能力，而企业的自身能力又进一步取决于要素禀赋和技术水平。Juma（2014）认为，创新是企业发展必不可少的要素，科技型企业更要加强对创新的重视。Hytinen 等（2012）的实证研究表明，政府的资金支持对中小企业并无实质上的效果。吕一博（2008）从企业能力组合的角度，认为企业风险取向、企业环境不确定性、企业创新实现能力和创新推广能力是科技型中小企业成长的主要影响因素。李菁等（2012）则认为技术创新是农业科技企业技术成长的关键因素，是企业在竞争激烈的市场中求生存、促成长的核心动力。数字供应链金融可以契合科技型企业成长对金融创新的要求（窦亚芹等，2020），由于融资约束的存在，应用一种全新的融资方式，可以推动科技型企业的发展。技术创新、企业家素质、产品与市场、人力资源是科技型企业成长的根本动力（张鲁秀等，2016）。科技小微企业宜采用内生创新驱动发展模式（袁宇等，2014），创新领先战略及包括技术能力在内的组织能力的协同演化是科技创业企业实现成长的有效路径，企业除了实现内部积累成长，大力开展并购及联动也是成长的途径（周国林等，2018），由于融资约束的存在，应用一种全新的融资方式，可以推动科技型企业的发展，我国民营科技企业与高新技术产业是协同发展的，但协同发展程度整体偏低，民营科技企业成长对高新技术产业发展的带动作用不强（董瑞青等，2012）。企业社会资本有助于企业形成并提高动态能力，进而影响企业成长（杜丹丽等，2015）。赵驰等（2012）发现人力资本与企业成长路径变迁之间呈正相关关系。黄德春等（2013）基于支撑视角研究科技金融的发展指数，指出金融服务机构和商业环境对我国科技型企业的支撑相对不足。周霞等（2014）基于财务的研究视角对科技型企业成长进行实证研究，发现企业成长和发展则是以企业价值的增加为基础。张诚（2018）基于投贷联动视角下研究科技型企业融资的模式，发现在技术水平不高或很低的情况下，企业会选择单一债务融资形式，反之则会选择投贷联动融资模式。赵琳（2018）基于共享经济视角探讨大学生选择科技型小微企业创业模式，指出提升和扩大大学生初期创业的成功率和长期利润空间是大学生创业企业的主要路径。张良（2021）认为，创新型企业就是在把有价值的技术变革成果转化为商业化产品的过程中，推动形成新产品、新市场、新产业和新增长的企业。李平（2001）认为，创新型企业是以不断创新为主导思想，以新产品的不断开发、原有产品的不断改进、或工艺设备的不断改善为主导策略的企业。陈晓红等（2012）认为技术创新对科技型中小企业成长性的作用具有一定重要意义，研发投入越大，企业创新环境越好，专利数量越多，人力资源的投入强度越大的中小企业技术创新能力越强。单标安等（2018）基于中国情境下的创业环境背景，以科技型新企业为研究对象，关注创始人的创造性、成就需求以及风险承担不同人格特质对新企业成长的作用，得出先前经验强化了创造性对企业成长的积极影响，而对成就需求及风险承担性与企业成长关系的调节效应并不显著。王旭等（2003）把科技型企业生命周期划分为：种子期、创业期、成长期、成熟蜕变期。黄丽君（2016）认为企业家精神是一种精神上和思想上的特殊品质，体现在公司层面就是创新、敢于冒险、承担风险、合作、执着、不断进取和开拓性竞争的表现。迟宁（2010）认为科技型企业得以发展壮大的最重要的原因就是技术创新。张玉明等（2010）基于仿生学视角构建中小型科技企业成长模型，分析指出完善中小型科技企业成长路径应包含外部环境系统反馈回路、自身功能系统反馈回路和各子系统间交互作用反馈回路，错综复杂的交叉反馈回路形成科技型企业成长系统功能网络。杨波（2011）基于企业生命周期的视角研究科技型企业的融资体系建设，认为可以根据科技型企业所处的不同阶段采用不同的科技投融资支持模式。赵驰等（2011）从知识资本视角研究科技型中小企业成长路径，认为研发人员比例具有显著的经济意义。崔晓峰等（2013）认为在企业的不同成长阶段，企业家精神引导着科技型企业的发展。袁腾等（2014）基于社会资本的视角研究科技型集群企业成长，发现互利共赢是成长的基础，能力共存是决定因素，目标共享是成长契机，战略共担是成长环境。高明华等（2014）认为对企业家能力定量化的研究，必须找到可观察的、可统计的行为或者指标作为量化的依据，赋予其刚性的指标特征，企业家能力因素分为基本因素、治理因素、个人因素三个范畴，他提出企业家能力是由二级分项指标构成的线性组合。王艳子（2016）认为企业家能力的关键作用在于驱动创新发展，企业家能力从职业角度考虑问题，可以供企业家发现市场机会，利用有利的内外部竞争优势创造科技型企业价值增值。姜安印等（2017）指出在相对宽松的环境容易成为企业转移、企业成长、产业研发和变迁的普遍依托路径。张鹏飞（2017）的研究发现，融资能力、法律政策、金融生态影响着企业家的风险趋向，区域创新网络对企业决策创新能力影响显著，资源基础能够有效促进科技型企业技术创新路径。孙丽华（2017）认为认为企业家能力是一种综合能力的反映，这种综合能力可以使得科技型企业发现潜在的机会并制定清晰的发展路径。姜明辉等（2017）针对涉农企业的不同时期对资金的需求设计信贷产品，对农业信贷产品进行创新以促进涉农企业的成长发展。张立光（2017）指出处于不同生命阶段的科技型中小企业融资结构存在明显差异，融资结构呈现出先内后外、由股权融资向债权融资的阶段性特征。李丽菲（2017）认为互联网金融为化解科技型中小企业的融资困境提供了新思路，弥补了传统金融的低效和长尾效应。彭永芳等（2018）从健全政策法规环境、塑造产业发展环境、改进融资环境、优化人力资源环境和建立社会服务支持体系等六个方面提出促进科技型中小企业成长路径。饶文英（2018）指出科技型企业成长要构建和完善融资体系，大力发展风险投资，改善融资结构，优化资产配置。贡小妹等（2018）基于专利视角，提出科技型企业在统一的专利战略基础上，通过专利创造、专利运营、专利保护和专利管理，构建技术优势、品牌优势、成本优势和差异化优势，进而提升科技型企业市场竞争力的成长路径。罗永泰等（2014）认为科技型企业成长路径选择应与主要的发展因素相结合，在不同发展阶段，企业发展的路径选择应有所不同，要与科技型企业发展的具体实际需求相结合。孔令富（2018）认为科技型企业结构的调整和优化是促进科技型企业发展的重要路径，科技型企业要注重新产品的研发。

2.1.1.2科技型企业的成长环境研究

已有关于科技型企业成长环境的研究表明：创新是企业发展必不可少的要素，科技型企业内部各生产要素之间的关联程度对企业集群有重大影响（赵海燕，2017）。科技型企业可以选择以降低成本为目的的技术创新，也可以选择以提高质量为目的的技术创新。区域环境因素对科技型企业发展存在正向影响（邹国平等，2017），企业伦理对科技型企业绿色创业导向和企业竞争优势产生重要影响（马力等，2018），技术创新是网络中心维度和科技型企业成长关系之间的中介（陶秋燕等，2017），而软环境则对科技型企业的发展具有显著影响（曾国平等，2014），谢玲红等（2016）认为应该加强科技型企业产品研发和人力资本的资金投入，使得科技型企业成为科技创新的主体。基于企业成长环境的研究者认为，政府补贴对科技型中小企业成长环境呈现出显著正向的调节效应（常洁等，2020），研发经费投入在政府补助对科技型企业成长的影响中具有中介作用（戴浩等，2018），而金融机构对科技型企业放贷的意愿较低（Latimer等，2000），导致科技型中小企业民间资本利用率低，融资效果差（颜赛燕，2020），因而，大部分科技型中小企业都习惯于采取技术创新来促进自身的成长（Stam等，2009）。产业振兴背景下，科技型企业的成长与企业家的创新能力紧密相关，企业家能力的关键作用在于驱动创新的持续发展，政策支持总体上对科技型小微企业成长具有正向影响，金融支持政策对科技型小微企业成长的影响作用最大（杨汉明等，2016），金融环境对中小型科技企业的成长性有显著影响，融资能力与中小型科技企业的成长性存在明显作用关系（王洪生，2014）。科技型企业成长系统内部动力对外部动力具有响应与强化作用，外部动力对内部动力具有指导与约束作用（武华等，2019），而税收优惠则能显著提升科技型企业的创新强度（段姝等，2020）。高松等（2011）把科技型中小企业融资困难的原因归于科技型企业自身和金融市场两个方面。逯宇铎等（2013）指出金融危机后，银行大幅度缩减信贷规模，有限的贷款优先考虑大公司和重点客户而较少考虑科技型小微企业。丁梦玉（2016）认为中小型科技型企业融资问题主要表现在融资渠道窄、抵押方式比较传统、贷款成本高、金额少、信息不对称。高珊（2018）认为降低融资成本促进科技型企业扩大规模，金融机构应提供便利的服务。吕鑫（2018）指出要结合间接融资和直接融资渠道，充分发挥正规金融和农村金融的作用，为科技型企业贷款提供更好的服务。Thorsten（2002）认为政策法律制度容易对科技中小企业的发展产生影响。程绍杰（2012）认为财政部门应加大对科技型企业贷款财政贴息政策支持，银行应该调整信贷结构，优化产业布局，加强农业科技资源与资金资源的结合。吴晓波（2013）提出完善科技型企业发展的政策法规，实施有利于吸引科技骨干和技术人才的政策，加强政策落实和加大优惠力度。张树明等（2014）指出政策法律的合理性因子对科技型企业成长作用最重要，税收政策优惠对科技型企业成长的影响程度最高。慕春晖等（2018）按照培育期、初创期、壮大期、蜕变期，进一步修订完善了科技型企业成长不同阶段企业相关筛选标准，完善相应政策工具，对科技型企业的资助形式单一，政府应落实各项扶持力度，吸引更多社会资本参与科技型企业发展创新。牟笛瑞（2017）认为政府应加大对科技型中小企业的财税支持力度、创业补贴资助。马秀贞等（2018）指出要强化政策的顶层设计，完善科技中介服务共享体系，完善科技金融对创新创业的服务支撑作用。赵峰等（2012）提出农发行信贷品种与科技型种子企业实际应当匹配，农发行应该加强对科技型种子企业资金跟踪监督。董莉等（2018）指出银行应该与科技型企业贷款需求信息相对应，创新银行服务体系。王雪荣等（2018）指出科技型中小企业融资模式单一，大部分依靠内源性融资，政策性融资并不能满足全部的资金需求。连平（2017）认为政府在促进产学研一体化，培育"科技园金融"模式中起着至关重要的作用。随着国家创新驱动发展战略的实施，科技型小微企业已经成为促进国民经济稳定成长的重要支撑。卢章平等（2012）提出国家和地方在促进科技型中小企业发展的政策法规上应实现统一。张玉明等（2010）指出在政策法律保护功能方面，政策法律的合理性因子对中小型科技型企业成长作用最重要，而在扶持功能方面，税收政策优惠对中小型科技企业成长的影响程度最高。马永红等（2006）把中小型高科技企业成长环境分为基础设施环境、资本环境、技术环境、劳动力环境、社会服务环境、政策法律环境、经济环境和产业环境等8个方面。

2.1.1.3 科技型企业成长的影响因素研究

已有关于科技型企业成长影响因素的研究表明：科技型企业已成为我国自主创新体系的重要组成部分（颜军梅等，

2020），科技型企业的自主创新主要是依托企业内部甚至外部的科研人员进行自主创新研发（李惠丽，2019），企业间通过战略合作与技术转移引导科研成果迅速向企业内转化（常洁等，2020），通过推动产学研合作促进科研产业化（杨伟东，2018），政策支持总体上对科技型企业成长具有正向影响（杨汉明等，2016），金融机构服务、政府优惠政策（宋清等，2011）、企业资源均是影响科技型企业成长的关键因素（余维臻等，2016）。企业自身竞争能力、任务环境、成长资源、宏观环境对中小型科技企业成长均具有显著影响（陈业华等，2010）。政府科技项目合理导向、企业技术战略联盟及功能完善的技术市场是促进创新型科技企业快速成长的最重要外部因素（庄越等，2012）。知识搜寻宽度对科技型中小企业管理创新具有倒 U 型影响（张振刚等，2020），社会资本影响科技型企业的吸收能力，区域创新网络对中小型科技企业的规模、成长潜力、生存状态、盈利能力及营运能力有显著影响（李森森等，2014）。朱福林等（2016）认为，科技型企业内部产品创新通过提升该企业的行业创新地位正向作用于企业成长，社会资本通过创新绩效对科技型企业成长具有显著影响，而企业资源、企业管理水平对科技创业企业成长影响最为显著（罗公利等，2012）。Hytinen 等（2012）的实证研究表明，政府的资金支持对中小科技型企业并无实质上的效果，创新是科技型企业发展必不可少的关键要素，科技型企业更要加强对创新的重视，风险投资对于科技型企业的发展具有显著正向影响（Tereza，2012），而刘素荣等（2015）却验证了融资约束对初创期科技型企业成长具有负向影响。罗公利等（2012）通过对山东省科技型企业的调查，提出影响科技型企业成长因素的指标体系，发现资金风险对科技型企业成长具有显著影响。庄越等（2012）对创新型科技型企业成长的外部创新环境激励模型进行了假设验证，发现政府科技项目合理导向、企业技术战略联盟及功能完善的技术市场是促进创新型科技企业快速成长的最重要外部因素。朱福林等（2014）通过对北京市200家科技型中小企业的调研数据研究，发现科技型企业生存年限与销售额增长率呈现正向影响关系，揭示了社会网络对中小科技型企业成长的影响。吕峰（2016）对科技型企业如何成长的问题进行了探讨，发现市场驱动、技术驱动、关系驱动对科技型企业成长具有显著影响。李天赐（2017）利用 AMOS 软件构建了科技型企业成长影响因素指标体系，验证得出科技型中小企业成长影响因素权重大小由大到小排序为融资能力、技术能力、人力资源、管理水平、市场营销能力。黄邦东（2018）把综合影响科技型中小企业发展的内部环境和外部环境因素，归纳为政策关联因素和研发资金投入因素。

2.1.1.4 科技型企业成长的创新能力研究

已有关于科技型企业成长创新能力的研究表明：大数据和人工智能时代，企业创新能力与企业利润长期增长呈正相关关系（Jie Yang，2012），制度创新、研发支出、产业多样性和人力资本禀赋的分布则对科技型企业创新能力产生重要影响（Megha Mukim，2012），只有在技术创新和制度创新两者的协同作用下，创新才会对科技型企业持续成长产生显著影响（迟宁，2010）。研发强度总体水平较高的行业拥有较高的企业创

新率，企业知识、行业活力和创新影响企业绩效（Stewart
Thornhill，2005），而创新和战略管理能力则是科技型企业从创
业到成功的关键因素（Graham Beaver 等，2007）。产学研协同
创新的研究表明，企业的创新能力是影响两个企业最终得分的
主要因素，企业与其他企业、大学和政府之间的联系对其创新
绩效产生显著影响（Maribel Guerrero 等，2016），政府补贴对
企业的研发投入具有显著的激励效应，但行业之间差异较大
（展进涛等，2019）。王峰等（2004）认为农业科技型企业的技
术创新及应用受到自然条件的影响较大，必须开发利用高新技
术，增强农业科技型企业的创新能力。BinWang 等（2012）通
过构建农业科技企业风险投资评价体系，经实证分析发现企业
的创新能力是关键影响因素。许静（2018）指出企业技术创新
的驱动要素主要表现在企业家精神、内部激励机制、研发团队
凝聚力、市场需求与政府政策。王宏（2018）认为创新型人才
和技术创新是科技型企业生存的根本。MarkAnzani 等（2013）
用产品累积销量衡量科技型企业成长，其利用曲线图展示了科
技型企业成长的三个阶段，每一阶段均谈到技术创新对科技型
企业成长的促进作用。Keizer（2002）指出创新是中小科技型
企业在不同行业中实现动态成长的主要指标，创新对中小科技
型企业竞争优势、利润率和生产率有重要推动作用。Stiglitz
（1981）认为，科技型企业之所以出现融资困难，一部分因素
是由于信贷配给造成的。Thorsten（2002）、Paulo 等（2012）
都通过不同方式的实证分析对风险投资对于科技企业的发展以
及企业科技研发活动的相关性进行研究，认为风险投资对科技
型企业发展有正向影响。刘倩等（2018）提出要加强与国外科

技型企业的交流与合作。马秀贞等（2018）认为科技型企业的发展要按照自身内部机理循序渐进。

2.1.1.5 科技型企业的成长机制研究

已有关于科技型企业成长机制的研究认为，企业成长的协同创新能力包括战略研发协同、管理和运营协同、知识管理协同和创新能力协同（Ajax Persaud，2005），无论企业的成长能力如何，企业家经营能力的影响程度最高（王彦勇等，2013）。Richard 等（2004）认为中国科技型企业应该将他们的技术创新与技术战略的制定以及创新和研发活动协调紧密联系起来，错综复杂的交叉反馈回路形成了科技型企业成长系统功能网络（张玉明等，2009）。刘沛旭（2017）认为科技型企业成长过程中的质与量都是由核心资源所决定。毛秋红等（2017）认为科技型企业成长梯队的培育成效与各成长梯次企业的培育、技术创新能力的提高、人才技术能力和管理能力的培养息息相关。慕春晖等（2018）指出科技型中小企业在其培育和成长中投入成本与产出效益不成正比，在市场竞争中处于弱势地位，须要靠政府加以引导和培育扶持。田雨晴等（2011）认为科技型中小企业的成长机制，是由科技型企业的内部因素决定。蒋玉涛等（2013）指出科技型企业的创新推动了经济的增长和社会的变迁。宋清等（2011）认为，网络层次和政府的政策以及金融生态环境是影响科技型企业发展的重要因素。马丽仪等（2013）指出，科技金融是影响高科技企业发展的重要因素。王丽平等（2013）指出科技型中小企业的发展主要受内生动力和外部环境的共同影响。钱锡红等

（2010）提出了基于联盟的科技型中小企业成长战略机制。
毕娟等（2011）提出了科技型创业企业生存机制。庞敏等
（2015）构建了评价科技型企业发展的机制。王彦勇等
（2013）阐释了企业家的功能方向及其能力维度的差异，构建
了中小型科技企业的企业家能力培育的形成机制。张玉明等
（2010）指出人力资源对中小型科技企业的成长有着正向影
响。于丽文（2016）提出科技人才是科技型企业的核心竞争
力，是科技型企业竞争的关键，科技型企业只有构建激励机
制，才能激发科技人才工作的积极性和主动性。王博（2018）
认为合理的分红和股权分红激励制度是影响科技型企业发展
的重要因素。胡城瑶（2018）则提出，国家应该适当给与科
技型企业税收优惠，减轻科技型企业经营成本，从而激励科
技型中小企业实现可持续发展。

2.1.2 文献述评

上述国内外关于科技型企业发展的相关研究表明：科技型
企业的成长路径、成长环境、影响因素、创新能力、成长机制
已经受到学术界的关注，学者们从不同角度对科技型企业的成
长规律进行理论探讨和实证分析，已有文献成果为本研究深入
开展科技型企业成长梯队高质量发展机制和路径选择研究提供
了丰富的理论基础。但现有理论研究已存在明显的不足，主要
表现在：（1）对科技型企业成长梯队的研究明显不足，至今尚
未引起学者们足够的重视，尚未对科技型企业成长梯队的内涵
进行清晰的界定。（2）尚未从企业成长的角度深入探讨科技型

企业成长梯队的发展环境，鲜有探讨科技型企业成长梯队发展环境的影响因素。(3) 尚未指出科技型企业成长梯队未来的发展方向是实现高质量发展，鲜有对科技型企业成长梯队高质量发展进行理论或实证研究。(4) 忽视了发展环境对科技型中小企业发展壮大的巨大推动作用，尚未构建科技型企业成长梯队发展环境的评价指标体系。(5) 科技型企业成长梯队的发展机制尚未引起学者们足够的重视，尚未从产业创新角度系统构建科技型企业成长梯队高质量发展的理论分析框架。(6) 对科技型企业成长梯队高质量发展路径选择的研究明显不足，尚未从产业创新的角度进行定量研究。为此，非常有必要从产业创新角度深入研究科技型企业成长梯队的发展环境，以弥补科技型企业成长研究的不足，丰富科技型企业技术创新理论研究，构建科技型企业成长梯队发展环境的理论分析框架，探索出适合科技型企业成长梯队高质量发展的评价指标体系，以实现科技产业结构优化升级，提升民营经济科技创新能力，培育优秀的创新型领军企业，推动科技型企业成长梯队从投资驱动向创新驱动转型发展。

因此，本研究的理论价值在于紧密结合中国创新驱动战略动态，基于产业创新和企业成长视角，从理论层面构建科技型企业成长梯队高质量发展的理论分析框架，深入探讨科技型企业成长梯队高质量发展的影响因素，以期发现产业创新与科技型企业成长梯队高质量发展之间的内在联系和自身规律；本研究的应用价值在于可以在一定程度上为中西部地区培育科技型企业成长梯队和推动产业创新提供决策依据，也可以为中西部地区科技型企业成长梯队提升技术创新能力和市场竞争能力，改变内外部创新环境，实现高质量发展提供决策参考。

2.2 概念界定

2.2.1 科技型企业的内涵

本研究在文献研究的基础上，参照贵州省科技厅对科技型企业的定义，结合中国企业发展现状，认为科技型企业是指符合国家产业政策、技术政策，知识产权明晰，以创新为发展动力，主要从事具有一定技术含量和技术创新性产品的研究、开发、生产、经营，高新技术产品的研制、开发、生产、转让、咨询等服务及对传统技术进行改造的企业。从科技资源禀赋来看，科技型企业可以进一步划分为：科研型企业、技术开发型企业、技术服务型企业、生产经营型企业、高新技术型企业和创新型企业。就科技型企业的人力资源而言，科研型企业具有大专以上学历的科技人员占企业员工总数的比率须大于20%；技术开发型企业直接从事研究开发的科技人员占企业员工总数的比率须大于5%；技术服务型企业在知识产权、技术服务等方面产生的收入占企业主营业务销售收入的比率须大于8%；生产经营型企业年均用于科学研究和技术开发的投入占主营业务销售收入的比率须大于1%；高新技术型企业年均研发投入占主营业务销售收入的比率须大于10%；省级以上创新型企业年均研发投入占主营业务销售收入的比率须大于15%。

2.2.2 科技型企业成长梯队的内涵

本研究基于企业成长视角，参考《贵州省科技型企业成长梯队遴选及管理办法》对科技型企业成长梯队的定义，认为科技型企业成长梯队是指按照企业成长规律，通过政策资金支持和优质服务，引导科技型企业不断提升创新能力和市场竞争力，从而形成以创新型领军企业为重点，成长性科技型企业为主体、科技型种子企业为后备力量的科技型企业集群。科技型企业成长梯队的划分可以按照不同的成长阶段，分为大学生创业企业、科技型种子企业、科技型小巨人成长企业、科技型小巨人企业、创新型领军企业培育企业5种类型，其中，先行投入5万元以上并同时开展3个月以上的业务工作，依托自主研发产品或技术实现年销售额100万元以下的科技型企业是大学生创业企业；年销售额为100万～500万元的是科技型种子企业；年销售额为500万～5 000万元的是科技型小巨人成长企业；年销售额为5 000万～3亿元的是科技型小巨人企业；年销售额大于3亿元的是创新型领军企业培育企业。

2.3 理论借鉴

企业成长理论是由英国著名经济学家彭罗斯于1959年在其经典著作《企业成长理论》一书中提出，该著作是企业战略领域的名著，具有划时代的开创意义。彭罗斯从经济学角度，以企业为研究对象，通过研究企业内部动态活动来分析企业行为，提出企业成长的主要影响因素和企业成长机制，揭示了企业成长的内生动力，为研究企业成长规律建立了"企业资源—企业能力—企业成长"的理论分析框架。彭罗斯认为，企业是一个管理组织，同时也是人力、物力资源的集合，企业的内部资源是企业成长的动力，是提高企业经济效益的基础条件，是企业提升市场竞争优势和选择未来发展方向的根本。企业资源是指可以综合反映企业强弱的内部资源和外部资源，是企业选择和实施其发展战略的基础，主要包括信息资源、技术资源、人力资源、行业资源、产业资源和市场资源。其中，信息资源、技术资源、人力资源属于企业内部资源，行业资源、产业资源、市场资源属于企业外部资源。

在知识经济和信息经济时代，知识创新是企业技术创新的先导，技术创新是产品创新的基础，而产品创新则是市场创新的前提。彭罗斯企业成长理论表明，企业的成长壮大和高质量发展需要企业拥有具有竞争优势的内外部资源，企业拥有的创新资源在数量上和质量上的比较优势越明显，越有利于企业实现高质量发展。彭罗斯认为，企业成长的外部环境可以促进企业市场需求量的增加和技术创新能力的提升，从而推动企业扩大生产经营规模，实现规模经济。企业成长的外部环境主要包括政策环境、产业环境和文化环境。政策环境是指国家和地方对企业科技创新的支持力度，是影响公共政策产生、存在和发展的一切自然因素和社会因素的总和；产业环境是指企业竞争的性质和企业在产业中所具有潜在利润的多少，是对处于同一产业内的企业及与该产业存在业务关系的其他企业都会发生影响的环境因素；文化环境是指企业的经营理念和服务社会价值观的程度，是影响一个社会的基本价值、观念、偏好和行为的风俗习惯，包括企业物质文化、企业行为文化、企业制度文化和企业精神文化。彭罗斯企业成长理论表明，政策环境、产业环境和文化环境是企业进行技术创新、产品创新和市场创新的保障，良好的外部环境有利于企业增加研发投入，扩大生产经营规模，提升技术创新能力和产品创新能力，增强市场竞争优势，从而促进企业实现可持续发展。

因此，本研究主要借鉴英国著名经济学家彭罗斯提出的企业成长理论，建立基于企业成长的科技型企业成长梯队高质量发展机理模型，作为实证研究科技型企业成长梯队高质量发展机制的理论分析框架。

3 科技型企业成长梯队的发展现状研究

通过梳理国内外关于科技型企业成长的文献研究发现，现有研究大多关注的是科技型企业的成长问题的研究。主要包括科技型企业的成长路径、科技型企业的成长环境、科技型企业成长的影响因素、科技型企业成长的创新能力和科技型企业的成长机制，学者们从不同角度对科技型企业的成长规律进行理论研究和实证分析，鲜有对科技型企业成长梯队发展现状的研究。从上述文献综述可以看出，国内关于科技型企业成长梯队现状的研究主要集中于探讨贵州省的科技型企业成长梯队，如毛秋红等（2016）较早研究了贵州省科技型企业成长梯队的培育，认为科技型企业成长梯队的培育成效与各成长梯次企业的培育、技术创新能力的提高、人才技术能力和管理能力的培养紧密相关。慕春晖等（2018）进一步指出科技型企业成长梯队培育的投入成本与产出效益不成正比，在市场竞争中处于弱势地位，需要靠政府加以引导和培育扶持。但毛秋红等（2016）和慕春晖等（2018）均未对贵州省科技型企业成长梯队的发展现状进行动态分析，也未指出科技型企业成长梯队的培育现状。因此，本研究依托贵州省科技计划项目"贵州省科技型企业成长梯队的发展环境与培育路径研究"（黔科合基础〔2017〕1509-2），在毛秋红等（2016）和慕春晖等（2018）对科技型企业成长梯队进行静态研究的基础上，以贵州省为例，从动态分析的角度，参考贵州省科学技术厅官网发布的贵州省科技型企业成长梯队发展规模的统计数据，对贵州省科技型企业成长梯队的发展现状进行定量研究，以期发现当前科技型企业成长梯队在发展过程中存在的主要问题，为后续进一步深入研究科技型企业成长梯队高质量发展机制和路径选择提供现实依据。

3.1 科技型企业成长梯队发展规模动态分析

创新驱动战略为科技型企业成长迎来了契机，充分发挥了科技对产业发展和企业创新的支撑引领作用。2015年，贵州省科技厅启动了科技型成长企业培育计划，构建了由大学生创业企业、科技型种子企业、科技型小巨人成长企业、科技型小巨人企业、创新型领军企业培育企业组成的科技型企业成长梯队的培育体系。近年来，贵州省加大了科技型企业成长梯队的遴选力度，对进入成长梯队的科技型企业进行研发和创新资金的资助，大力支持科技型企业提升技术创新能力，为科技型企业成长梯队发展指明了方向，入选科技型企业成长梯队的数量呈递增趋势。整理贵州省科学技术厅官网发布的相关数据可以发现：（1）2015年贵州省科技型成长梯队企业遴选总数达524家，其中，大学生创业企业61家，科技型种子企业169家，科技型小巨人成长企业190家，科技型小巨人企业82家，创新型领军企业培育企业22家。（2）2016年贵州省科技型企业成长梯队遴选总数达802家，占全省科技型企业总数的14.6%，比上年增加278家，年增长率为53.05%。入选的科技型企业成长梯队增量主要表现在：①大学生创业企业154家，比上年增加93家，年增长率为152.46%；②科技型种子企业265家，比上年增加96家，年增长率为56.80%；③科技型小巨人成长企业250家，比上年增加60家，年增长率为31.58%；④科技型小巨人企业102家，比上年增加20家，年增长率为24.39%；⑤创新型领军企业培育企业31家，比上年增加9家，年增长率为40.91%。（3）2017年贵州省科技型企业成长梯队遴选总数达935家，比上年增加133家，年增长率为16.58%。入选科技型企业成长梯队增量主要表现在：①大学生创业企业154家，与上年总量保持不变；②科技型种子企业393家，比上年增加128家，年增长率为48.30%；③科技型小巨人成长企业277家，比上年增加27家，年增长率为10.80%；④科技型小巨人企业111家，比上年增加9家，年增长率为8.82%；⑤创新型领军企业培育企业33家，比上年增加2家，年增长率为6.45%。（4）2018年贵州省科技型企业成长梯队遴选总数达1 108家，比上年增加173家，年增长率为18.50%。入选科技型企业成长梯队增量主要表现在：①大学生创业企业192家，比上年增加38家，年增长率为24.68%；②科技型种子企业478家，比上年增加85家，年增长率为21.63%；③科技型小巨人成长企业287家，比上年增加10家，年增长率为3.61%；④科技型小巨人企业118家，比上年增加7家，年增长率为6.31%；⑤创新型领军企业培育企业33家，与上年保持不变。2015—2018年贵州省科技型企业成长梯队发展规模动态变动情况详见表3-1。

表3-1   2015—2018年贵州省科技型企业成长梯队增长规模动态变动情况

科技型企业成长梯队培育类型	科技型企业成长梯队动态规模						
	2015年/家	2016年/家	年增长率/%	2017年/家	年增长率/%	2018年/家	年增长率/%
大学生创业企业	61	154	152.46	154	0.00	192	24.68
科技型种子企业	169	265	56.80	393	48.30	478	21.63
科技型小巨人成长企业	190	250	31.58	277	10.80	287	3.61
科技型小巨人企业	82	102	24.39	111	8.82	118	6.31
创新型领军企业培育企业	22	31	40.91	33	6.45	33	0.00
合计	524	802	53.05	935	16.58	1 108	18.50

数据来源：贵州省科技厅官网相关数据。

通过表3-1可以看出：（1）贵州省科技型企业入围科技型成长梯队培育企业的数量规模总体呈递增趋势，从2015年的524家增加到2018年的1 108家，说明贵州省近年来加大了对科技型企业的培育力度；（2）但从年增长率动态变化来看，可以发现，2015—2018年年增长率由53.05%持续下降到18.50%，说明贵州省科技型企业总体规模较小，能够达到遴选标准的科技型中小企业存量较小；（3）从科技型企业成长梯队培育类型来看，2015—2018年遴选数量增加排名依次为：科技型种子企业，增加了309家；大学生创业企业，增加了131家；科技型小巨人成长企业，增加了97家；科技型小巨人企业，增加了

36家；创新型领军企业培育企业，仅增加了11家。这说明科技型种子企业的技术创新能力和市场竞争能力呈上升趋势，但创新型领军企业培育企业发展缓慢，增长乏力，表明贵州省科技型企业成长梯队的培育方向和资助力度须有所调整，应该加大对科技型种子企业和大学生创业企业的培育力度。

3.2 科技型企业成长梯队培育现状分析

3.2.1 科技型企业成长梯队的培育条件

3.2.1.1 大学生创业企业的培育条件

据课题组对贵州省281家科技型企业成长梯队的调查发现，大学生创业企业的培育扶持需具备一定的基本条件：首先，大学生创办的企业法人需具备大专以上学历，年龄需小于等于45周岁，法人是主要股东或创业团队的核心成员；其次，企业从事的主营业务需符合国家重点支持的高新技术领域或科技服务业相关领域，注册成立时间为3个月至3年，已投入建设发展的资金在5万元以上；最后，生产经营范围为自主研发新产品或提供技术咨询服务，年度销售收入小于100万元。

3.2.1.2 科技型种子企业的培育条件

据课题组对贵州省281家科技型企业成长梯队的调查发现，科技型种子企业的培育扶持需具备一定的基本条件：首先，大专以上学历的科技人员占企业员工总数的比率需大于等于20%，直接从事研发的科技人员占企业员工总数的比率须大于5%；其次，企业年均主营业务收入须小于500万元，至少拥有一项自主知识产权，包括自主研发和自主拥有的专利、软件著作权、集成电路布图设计、植物新品种权；最后，年均科研经费投入总额大于营业总成本的5%或大于销售收入总额的2%。

3.2.1.3 科技型小巨人成长企业的培育条件

据课题组对贵州省281家科技型企业成长梯队的调查发现，科技型小巨人成长企业的培育扶持需具备一定的基本条件：首先，拥有大专以上学历的研发人员占企业员工总数须大于10%，年均科研经费投入总额大于销售总额的4%；其次，企业拥有自主研发和自主拥有的专利、软件著作权、集成电路布图设计、植物新品种等自主知识产权，资产负债率低于70%，有良好信用等级；最后，年销售总额在500万～5 000万元，产品销售额或净利润的年增长率大于20%。

3.2.1.4 科技型小巨人企业的培育条件

据课题组对贵州省281家科技型企业成长梯队的调查发现，科技型小巨人企业的培育扶持需具备一定的基本条件：首先，制造类企业中拥有大专以上学历研发人员占企业员工总数需大于15%，软件或科技服务类企业中拥有大专以上学历研发人员占企业员工总数需大于40%，年科研经费投入总额须大于销售总额的5%；其次，拥有软件著作权、集成电路布图设计等自主知识产权专利2项以上，拥有国家标准、行业标准或地方标准1项以上，拥有同行业中知名品牌或新产品1项，拥有应有研发机构，资产负债率需低于60%，有良好信用等级与融资能力；最后，年产品销售总额5 000万~3亿元，产品销售额或净利润的年增长率大于15%，主要产品销售额或利润额占总销售额的比率大于50%，有优秀领军人才引领，构建了良好的经营管理团队。

3.2.1.5 创新型领军企业培育企业的培育条件

据课题组对贵州省281家科技型企业成长梯队的调查发现，创新型领军企业的培育扶持需具备一定的基本条件：首先，在国内同行业中具有规模优势和竞争优势，年均销售收入总额需大于1亿元，具有行业领先的技术创新能力和产品创新能力；其次，高新技术产品或技术的年销售总额达到1亿~10亿元的高新技术企业，近三年销售总额年增长率需大于30%；最后，年销售总额达到10亿~100亿元的省级以上创新型企业，近三年销售总额年增长率需大于20%。

3.2.2 科技型企业成长梯队的培育方式

据课题组对贵州省281家科技型企业成长梯队的调查发现，入选科技型企业成长梯队的培育期为3年，这些梯队企业在培育期内，将依据科技型企业的发展需要获得一定的培育经费支持，其中：大学生创业企业的资助是10万元，科技型种子企业的资助是15万元，科技型小巨人成长企业的资助是20万元，科技型小巨人企业的资助是50万元，而对于创新型领军企业培育企业则根据企业在上市、投融资、装备更新、技术研发、技术创新、技术改造、人才引进、管理咨询等方面的发展需求采取"一企一策"的方式进行支持。如果入选成长梯队的科技型企业近3年内获得知识产权优势,发展成为高新技术企业、创新型企业则按就高原则给予相应的差额补助,对于有自主研发能力的企业而言,根据市场需求评估企业在研究开发、成果转化、产业化和科技服务上的先行投入,给予研发平台或研发经费的支持和补助。

4 科技型企业成长梯队发展环境的影响因素研究

4.1 理论分析与研究假设

企业成长理论是由英国著名经济学家彭罗斯于 1955 年在其经典著作《企业成长理论》一书中提出，该著作是企业战略领域的名著，具有划时代的开创意义。彭罗斯从经济学角度，以企业为研究对象，通过研究企业内部动态活动来分析企业行为，提出企业成长的主要影响因素和企业成长机制，揭示了企业成长的内生动力，为研究企业成长规律建立了企业资源—企业能力—企业成长的理论分析框架。

4.1.1 企业资源与科技型企业成长梯队发展环境

彭罗斯认为，企业是一个管理组织，同时也是人力、物力资源的集合，企业的内部资源是企业成长的动力，是提高企业经济效益的基础条件，是企业提升市场竞争优势和选择未来发展方向的根本。企业资源是指可以综合反映企业强弱的内部资源和外部资源，是企业选择和实施其发展战略的基础，主要包括信息资源、技术资源、人力资源、行业资源、产业资源和市场资源，其中，信息资源、技术资源、人力资源属于企业内部资源，行业资源、产业资源、市场资源属于企业外部资源。

在知识经济和信息经济时代，知识创新是企业技术创新的先导，技术创新是产品创新的基础，而产品创新则是市场创新的前提。彭罗斯企业成长理论表明，企业的成长壮大和发展环境的改善需要企业拥有具有竞争优势的内外部资源，企业拥有的创新资源在数量上和质量上的比较优势越明显，越有利于改善企业的发展环境。由此提出如下假设。

假设1：梯队企业拥有的内外部资源的数量和质量对科技型企业成长梯队的发展环境具有正向、显著的直接影响。

依据经济学家彭罗斯对企业资源的界定，假设1可以进一步细分为下列3个具体假设。

H_{a1}：梯队企业拥有的信息资源对科技型企业成长梯队的发展环境具有正向、显著的直接影响。

H_{a2}：梯队企业拥有的技术资源对科技型企业成长梯队的发展环境具有正向、显著的直接影响。

H_{a3}：梯队企业拥有的人才资源对科技型企业成长梯队的发展环境具有正向、显著的直接影响。

4.1.2 企业能力与科技型企业成长梯队发展环境

经济学原理表明，企业能力是指企业在科研、生产、经营、销售、服务、技术、管理和资金等配置资源环节具备的参与市场竞争的综合能力，主要包括企业的科研开发能力、技术创新能力和市场创新能力。企业的科研开发能力主要指企业拥有的技术改造能力，新技术、新产品、新品种和专利的数量；企业的技术创新能力主要指企业开发新技术和将已有技术进行应用创新的能力；企业的市场创新能力主要指企业生产经营定位的准确性评价和确定目标市场的能力。彭罗斯企业成长理论表明，企业能力是提高企业经济效益的前提条件，企业的科研开发能力、技术创新能力和市场创新能力越强，越有利于改善企业的发展环境，越有利于保障企业拥有良好的发展环境，以实现规模经济和范围经济。由此提出如下假设。

假设2：梯队企业所拥有的科研开发能力、技术创新能力和市场创新能力对科技型企业成长梯队的发展环境具有正向、显著的直接影响。

依据经济学家彭罗斯对企业能力的界定，假设2可以进一步细分为下列3个具体假设。

H_{b1}：梯队企业的科研开发能力对科技型企业成长梯队的发展环境具有正向、显著的直接影响。

H_{b2}：梯队企业的技术创新能力对科技型企业成长梯队的发展环境具有正向、显著的直接影响。

H_{b3}：梯队企业的市场创新能力对科技型企业成长梯队的发展环境具有正向、显著的直接影响。

4.1.3 企业外部成长环境与科技型企业成长梯队发展环境

彭罗斯认为，企业的外部成长环境可以促进企业市场需求量的增加和技术创新能力的提升，从而推动企业扩大生产经营规模实现规模经济。企业外部成长环境主要包括政策环境、产业环境和文化环境。

政策环境是指国家和地方对企业科技创新的支持力度，是影响公共政策产生、存在和发展的一切自然因素和社会因素的总和；产业环境是指企业竞争的性质和企业在产业中所具有潜在利润的多少，是对处于同一产业内的企业及与该产业存在业务关系的企业都会发生影响的环境因素；文化环境是指企业的经营理念和服务社会价值观的程度，是影响一个社会的基本价值、观念、偏好和行为的风俗习惯，包括企业物质文化、企业行为文化、企业制度文化和企业精神文化形态。彭罗斯企业成长理论表明，政策环境、产业环境和文化环境是企业成长的外部环境，是企业进行技术创新、产品创新和市场创新的保障，良好的外部环境有利于企业增加研发投入，扩大生产经营规模，提升技术创新能力和产品创新能力，增强市场竞争优势，从而改善企业的发展环境。由此提出如下假设。

假设3：国家和地方对企业科技创新的支持力度、企业在产业中所具有的潜在利润、企业的经营理念和服务社会价值观的程度对科技型企业成长梯队的发展环境具有正向、显著的直接影响。

依据经济学家彭罗斯对企业成长环境的界定，假设3可以进一步细分为下列3个具体假设。

H_{c1}：政策环境对科技型企业成长梯队的发展环境具有正向、显著的直接影响。

H_{c2}：产业环境对科技型企业成长梯队的发展环境具有正向、显著的直接影响。

H_{c3}：文化环境对科技型企业成长梯队的发展环境具有正向、显著的直接影响。

上述分析表明：新时代创新驱动战略背景下，科技型企业成长梯队的发展环境会受到企业资源、企业能力和企业成长环境三个维度的共同影响。基于上述提出的9个研究假设，借鉴彭罗斯建立的企业资源—企业能力—企业成长的理论分析框架，本研究尝试构建"基于企业成长的科技型企业成长梯队发展环境作用机理模型"，如图4-1所示。

4.2 研究设计

4.2.1 指标选择与指标定义

依据理论模型（图4-1）涉及的关键研究变量，本研究运用层次分析法把梯队发展环境界定为梯队发展程度的水平层次。梯队企业发展水平越高，表明成长梯队拥有较好的发展环境，反之，梯队企业发展水平越低，表明成长梯队拥有较差的发展环境。因此，本研究选择科技型企业成长梯队的发展环境作为被解释变量，选择理论模型的其他研究变量作为解释变量。基于上述理论分析，对理论模型涉及的解释变量进行进一步细分，对不同解释变量进行可操作化定义。（1）选择信息资源、技术资源和人才资源作为测量企业资源的3个形成性指标；（2）选择科研开发能力、技术创新能力和市场创新能力作为测量企业能力的3个形成性指标；（3）选择政策环境、产业环境和文化环境作为测量企业外部成长环境的3个形成性指标。基于此，本研究共选择1个因变量指标、3个二级影响因素指标和9个三级影响因素指标，详细的指标选择及指标定义见表4-1。

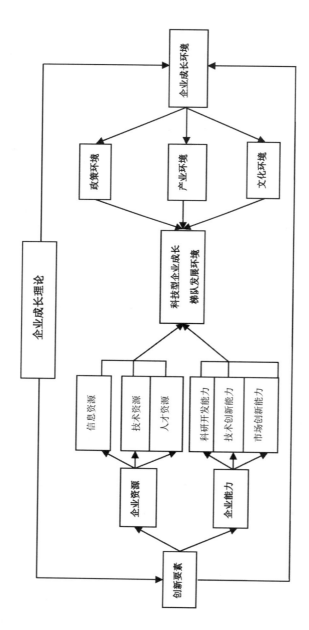

图 4-1　基于企业成长的科技型企业成长梯队发展环境作用机理模型

表4-1　指标选择与指标定义

目标层	因素层		
	二级指标	三级指标	指标定义
科技型企业成长梯队发展质量	企业资源	信息资源	企业拥有的与科研、生产、经营有关的文件、资料、图表和数据的数量
		技术资源	企业拥有的与科研、生产、经营有关的软件、设备与工具的数量
		人才资源	企业拥有的具有硕士学位以上的专业技术人才的数量
	企业能力	科研开发能力	企业拥有的技术改造、新技术、新产品、新品种和专利的数量
		技术创新能力	企业开发新技术和将已有技术进行应用创新的能力
		市场创新能力	企业生产经营定位的准确性评价和确定目标市场的能力
	企业成长环境	政策环境	国家和地方对企业科技创新的支持力度
		产业环境	企业竞争的性质和企业在产业中所具有潜在利润的多少
		文化环境	企业的经营理念和服务社会价值观的程度

4.2.2 样本选择与描述性统计

4.2.2.1 样本选择

本研究依托贵州省科技计划项目"贵州省科技型企业成长

梯队的发展环境与培育路径研究"（黔科合基础〔2017〕1509-2）来选择研究样本，以科技型企业成长梯队发展质量为研究对象，以科技型成长梯队企业的主要负责人为调查对象进行访谈和问卷调查。为此，本研究采用分区域与分层相结合的随机抽样方法选取调查样本，按照贵州省行政区划选取贵州省9个市（州）、88个县（区）作为样本总体区域，包括贵阳市、遵义市、铜仁市、安顺市、毕节市、六盘水市、黔东南苗族侗族自治州、黔西南布依族苗族自治州、黔南布依族苗族自治州。为保证样本的合理性和代表性，以9个市（州）所有入选科技型成长梯队的企业作为样本母体进行分区域与分层随机抽样。首先，从9个市（州）中不放回随机抽出3个市（州）；其次，从抽中的每一个市（州）所属的县（区）中不放回随机抽出一个县（区），共抽出3个县（区）；最后，从抽中的县（区）中不放回随机抽出入选贵州省科技型成长梯队的样本企业，共抽取科技型企业281家，样本企业包括大学生创业企业、科技型种子企业、科技型小巨人成长企业、科技型小巨人企业和创新型领军企业培育企业5种类型，样本分布范围较广，具有较好的代表性。

4.2.2.2 样本描述性统计

依据上述抽样方法和有序Logistic模型对样本数的要求，由于有序Logistic模型能解释的自变量个数与样本量有关，故本研究共选择了9个自变量。实证模型需要较大的样本量，因此，本研究在贵州省抽取了3个县（区），在抽取的样本县（区），对各县（区）至少选择82家入选贵州省科技型企业成长梯队的样本企业进行问卷调查和专家访谈，共抽取281家科

技型成长梯队企业，总体样本分布特征和调查样本特征的描述
性统计见表4-2和表4-3。

表4-2　总体样本分布特征的描述性统计

类别	市(州)	县(区)	科技型成长梯队企业数量/个	频数(样本数)/份	频率/%
地区分布	贵阳市	南明区	106	106	37.72
	铜仁市	松桃苗族自治县	82	82	29.18
	黔东南苗族侗族自治州	天柱县	93	93	33.10
合计	—	—	281	281	100

表4-3　调查样本特征的描述性统计

统计类别	企业概况	科技型成长梯队企业数/个	频数(样本数)/份	频率/%
成立年限	1～5年	72	72	25.63
	6～10年	131	131	46.62
	11～15年	53	53	18.86
	16～20年	16	16	5.69
	21年以上	9	9	3.20
企业类型	大学生创业企业	30	30	10.68
	科技型种子企业	201	201	71.53
	科技型小巨人成长企业	25	25	8.90
	科技型小巨人企业	16	16	5.69
	创新型领军企业培育企业	9	9	3.20

续表

统计类别	企业概况	科技型成长梯队企业数/个	频数（样本数）/份	频率/%
企业规模	年销售额5万～100万元	30	30	10.68
	年销售额100万～5000万元	226	226	80.42
	年销售额5000万元以上	25	25	8.90
经营范围	科研开发型	9	9	3.20
	生产经营型	242	242	86.12
	技术服务型	30	30	10.68

4.2.3 数据收集

本研究采用实地访谈与问卷调查相结合的方式来获取样本数据，实证研究的基础数据来源于对贵州省281家入选科技型企业成长梯队的企业进行的问卷调查。问卷调查的区域包括贵阳市、铜仁市和黔东南苗族侗族自治州。调查方法是采用"一对一专访"方式，访谈和调查对象为各受访科技型成长梯队企业的主要负责人、部门经理和专业技术人员，整个调研共发放问卷295份，实际获得的有效问卷为281份，问卷有效率达到95.25%，数据来源具有较好的代表性。有效问卷的总量大于200份，符合有序Logistic模型对样本数量的计量要求。

4.3 实证分析

4.3.1 变量设定与赋值

依据指标选择与指标定义（表4-1），结合实证研究数据分析对变量的要求，本研究进一步对研究变量进行设定和赋值，变量设定与赋值详见表4-4。

表4-4　变量设定与赋值

变量类型	变量名称	变量	符号	变量赋值
被解释变量	科技型企业成长梯队的发展环境		Y	发展环境差=1；发展环境一般=2；发展环境好=3
解释变量	企业资源	信息资源	X_1	非常稀少=1；稀少=2；一般=3；丰富=4；非常丰富=5
		技术资源	X_2	0=1项；2~5项=2；6~15项=3；16~50项=4；大于51项=5
		人才资源	X_3	连续变量=企业拥有的实际科技人才数量（人）
	企业能力	科研开发能力	X_4	连续变量=企业拥有的实际科技成果数量（项）
		技术创新能力	X_5	非常弱=1；较弱=2；一般=3；较强=4；非常强=5
		市场创新能力	X_6	非常差=1；较差=2；一般=3；较好=4；非常好=5

续表

变量类型	变量名称	变量	符号	变量赋值
	企业成长环境	政策环境	X_7	政策支持力度小=0;政策支持力度大=1
		产业环境	X_8	产业内潜在利润小=1;一般=2;产业内潜在利润大=3
		文化环境	X_9	服务社会价值观淡泊=0;服务社会价值观浓厚=1

4.3.2 计量模型构建

有序 Logistic 计量模型是由二元 Logistic 计量模型扩展而来，是一种适用于因变量是多分类变量且因变量之间存在顺序关系的回归模型，其参数估计范围明显比二元 Logistic 回归更广泛。有序 Logistic 计量模型的基本原理表明：当被解释变量为有序变量，包括定序分类变量，可以通过拟合（$i-1$）个 Logistic 回归模型，成为累积 Logistic 回归模型，累积 logistic 回归的初始模型如下：

$$y^* = \alpha + \sum_{i=1}^{k} \beta_i x_i + \varepsilon \qquad (4-1)$$

（4-1）式中，y^* 为观测现象的内在趋势，其不能被测量，ε 是误差项，并且服从 Logistic 分布。

对（4-1）式进行自然对数变换，得

$$\mathrm{Ln}\left(\frac{p_j}{1-p_j}\right) = \alpha_j + \sum_{i=1}^{k} \beta_i x_i \qquad (4-2)$$

（2）式称为有序 Logistic 回归模型。

基于变量设定与赋值（表4-4），本研究的被解释变量科技型企业成长梯队发展环境为定序分类变量，属于有序三分类变量，自变量不属于间隔尺度变量，不适用于二元 Logistic 计量模型和多分类 Logistic 计量模型。因此，本研究选择有序 Logistic 计量模型作为实证模型，对 "基于企业成长的科技型企业成长梯队发展环境作用机理"（图4-1）进行实证研究。

基于理论模型和研究假设，本研究建立基于企业成长的科技型企业成长梯队发展环境作用机理的有序 Logistic 回归模型，依据累积 Logistic 回归初始模型，本研究构建的有序 Logistic 计量模型的表达式如下：

$$\text{Ln} \left[\frac{p(y \leqslant j)}{1 - p(y \leqslant j)} \right] = \alpha_j + \sum_{i=1}^{k} \beta_i x_i \qquad (4-3)$$

模型等价于

$$p(y \leqslant j/x_i) = \exp\left(x_j + \sum_{i=1}^{k} \beta_i x_i\right) / \left[1 + \exp\left(x_j + \sum_{i=1}^{k} \beta_i x_i\right)\right] \quad (4-4)$$

式（4-3）和式（4-4）中，j=1，2，3，表示科技型企业成长梯队发展环境的3个等级，分别用1、2、3表示；y为被解释变量，表示科技型企业成长梯队发展环境，其中，1=发展环境差，2=发展环境一般，3=发展环境好；i=1，2，3…k，表示解释变量的个数，其中，k=9；x_i为影响科技型企业成长梯队发展环境的第i个解释变量，其中，x_1表示信息资源，x_2表示技术资源，x_3表示人才资源，x_4表示科研开发能力，x_5表示技术创新能力，x_6表示市场创新能力，x_7表示政策环境，x_8表示产业环境，x_9表示文化环境；α_j为被解释变量在不同等级的截距参数，β_i为第i个解释变量的回归系数，表示解释变量对被解释变量的影响方向与影响程度，$p(y \leq j)$表示被解释变量科技型企业成长梯队发展环境属于第j个及第j个以下序列类组的累计概率，$p(y \leq j/x_i)$表示第i个解释变量X对被解释变量Y影响的条件概率。

4.3.3 变量描述性统计

被解释变量的描述性统计见表4-5，解释变量的描述性统计与预期作用方向见表4-6。

表4-5　被解释变量描述性统计

变量名称	变量赋值	样本数/份	百分比/%	有效百分比/%	累积百分比/%
科技型企业成长梯队发展环境	$Y=1$	97	34.52	34.52	34.52
	$Y=2$	93	33.09	33.10	67.62
	$Y=3$	91	32.38	32.38	100.0
	合计	281	100.0	100.0	—

表4-6　解释变量描述性统计与预期作用方向

变量名称	变量符号	均值	标准差	预期作用方向
信息资源	X_1	4.24	0.715	＋
技术资源	X_2	3.39	1.064	＋
人才资源	X_3	3.58	0.883	＋
科研开发能力	X_4	3.79	0.793	＋
技术创新能力	X_5	3.99	0.744	＋

续表

变量名称	变量符号	均值	标准差	预期作用方向
市场创新能力	X_6	3.57	1.084	+
政策环境	X_7	0.11	0.314	+
产业环境	X_8	2.09	0.521	+
文化环境	X_9	0.28	0.450	+

4.3.4 模型估计

运用 SPSS 22.0 统计软件，选择有序 Logistic 回归，采用 Enter（进入法），把所有变量一次性全部代入本研究构建的有序 Logistic 计量模型，初始模型的参数检验结果，如表 4-7 显示。初始模型检验结果表明：（1）Deviance 拟合优度卡方值为 383.988，显著性概率 P=1.000＞0.05，表明模型未通过 Deviance 检验；（2）解释变量信息资源（X_1）的系数估计值为 0.236＞0，显著性概率 P=0.221＞0.1，未通过 10% 显著性水平统计检验，表明信息资源对科技型企业成长梯队发展环境虽具有正向影响，但影响程度不显著，不是科技型企业成长梯队发展环境的主要影响因素；（3）解释变量文化环境（X_9）的系数估计值为 0.006＞0，显著性概率 P=0.986＞0.1，未通过 10% 显著性水平统计检验，表明文化环境对科技型企业成长梯队发展环境虽具有微弱的正向影响，但影响程度不显著，不是科技型企业成长梯队发展环境的主要影响因素。因此，有序 Logistic 初始模型不是理想模型，非常有必要对初始模型进行修正。

表 4-7　科技型企业成长梯队发展环境影响因素的有序 Logistic 初始模型
参数估计结果

变量名称	变量符号(阈值)	系数值	标准误	Wald 值	P 值
科技型企业成长梯队发展环境	$Y=1$	13.957***	1.684	68.686	0.000
	$Y=2$	17.448***	1.830	90.944	0.000
信息资源	X_1	0.236	0.193	1.499	0.221
技术资源	X_2	0.679***	0.136	24.834	0.000
人才资源	X_3	0.811***	0.177	20.990	0.000
科研开发能力	X_4	0.791***	0.190	17.321	0.000
技术创新能力	X_5	0.758***	0.203	13.926	0.000
市场创新能力	X_6	0.234*	0.129	3.267	0.071
政策环境	X_7	1.610***	0.450	12.788	0.000
产业环境	X_8	0.594**	0.253	5.494	0.019
文化环境	X_9	0.006	0.307	0.000	0.986

注：***、**、*分别表示变量通过1%、5%、10%显著性水平统计检验。

4.3.5 模型修正

　　有序 Logistic 初始模型表明，解释变量信息资源（X_1）和文化环境（X_9）不是影响科技型企业成长梯队发展环境的显著性因素，为使模型达到最优化标准，可以删除变量信息资源（X_1）和变量文化环境（X_9），重新进行回归。因此，本研究运用SPSS 22.0统计软件，采用控制变量法和逐步回归法，选择政策环境（X_7）作为控制变量，然后依次放入其他变量（x_2、x_3、x_4、x_5、x_6、x_8）进行分步回归，得出新的修正模型。有序 Logistic 修正模型的检验结果显示：（1）模型拟合卡方值为 165.759，显著性概率 $P= 0.000$，表明模型整体拟合较好；（2）Pearson 拟合优度卡方值为 639.753，显著性概率 $P= 0.000$，表明模型通过了 Pearson 检验；（3）解释变量 x_2、x_3、x_4、x_5、x_6、x_8 均通过了 1%、5%、10% 显著性水平统计检验。综上，有序 Logistic 修正模型明显优于初始模型，可以充分反映入选解释变量与被解释变量之间的作用关系。因此，有序 Logistic 修正模型可以作为本研究的最终实证模型。有序 Logistic 最终模型参数估计结果如表4-8所示。

表4-8　科技型企业成长梯队发展环境影响因素的有序 Logistic 最终模型参数估计结果

变量名称	变量符号（阈值）	系数值	标准误	Wald值	P值
科技型企业成长梯队发展环境	$Y = 1$	12.908***	1.412	83.631	0.000
	$Y = 2$	16.381***	1.569	109.050	0.000
技术资源	X_2	0.664***	0.135	24.222	0.000
人才资源	X_3	0.805***	0.176	20.965	0.000
科研开发能力	X_4	0.792***	0.189	17.513	0.000
技术创新能力	X_5	0.773***	0.202	14.644	0.000
市场创新能力	X_6	0.213*	0.128	2.755	0.097
政策环境	X_7	1.542***	0.435	12.542	0.000
产业环境	X_8	0.612**	0.251	5.921	0.015

注：***、**、*分别表示变量通过1%、5%、10%显著性水平统计检验。

4.3.6 实证结果与分析

上述有序 Logistic 最终模型的实证结果表明：（1）被解释变量科技型企业成长梯队发展环境在发展环境差（$Y = 1$）和发展环境一般（$Y = 2$）两个环境水平与发展环境好（$Y = 3$）相比，均通过 1% 显著性水平统计检验，说明本研究经过修正的有序 Logistic 最终模型整体拟合效果较理想，能较好地反映入选解释变量与被解释变量之间的作用机理关系；（2）技术资源、人才资源、科研开发能力、技术创新能力、市场创新能力、政策环境和产业环境 7 个解释变量均通过 1%、5%、10% 显著性水平统计检验，表明本研究理论分析提出的 2 个研究假设（H_{a1} 和 H_{c3}）未得到验证，7 个研究假设（H_{a2}、H_{a3}、H_{b1}、H_{b2}、H_{b3}、H_{c1}、H_{c2}）均得到验证，其中，技术资源、人才资源、科研开发能力、技术创新能力和政策环境均通过 1% 显著性水平统计检验，说明这几个变量对科技型企业成长梯队发展环境的影响最显著，是影响科技型企业成长梯队发展环境的关键性影响因素；（3）产业环境通过 5% 显著性水平统计检验，说明产业环境对科技型企业成长梯队发展环境影响较显著，是影响科技型企业成长梯队发展环境的主要外部影响因素；（4）市场创新能力通过 10% 显著性水平统计检验，说明梯队企业的市场创新能力对科技型企业成长梯队的发展环境具有显著影响，是科技型企业成长梯队发展环境的主要内部影响因素；（5）从关键变量的影响程度来看，技术资源、人才资源、科研开发能力、技术创新能力、市场创新能力、政策环境和产业环境的系数值排序从大到小依次为：政策环境（1.542）＞人才资源（0.805）＞科研开发能力

（0.792）＞技术创新能力（0.773）＞技术资源（0.664）＞产业环境（0.612）＞市场创新能力（0.213），表明政策环境和人才资源对科技型企业成长梯队发展环境的影响比产业环境和市场创新能力更大，说明增加国家和地方对企业科技创新的支持力度和硕士学位以上专业技术人员到企业工作的数量，可以直接推动科技型企业成长梯队改善外部发展环境，同时也说明企业具有的科研开发能力（企业拥有的技术改造能力，新技术、新产品、新品种和专利的数量）、技术创新能力（企业开发新技术和将已有技术进行应用创新的能力）和拥有的技术资源（企业拥有的与科研、生产、经营有关的软件、设备与工具的数量）对改善科技型企业成长梯队的内部发展环境产生显著的直接影响。

5 科技型企业成长梯队发展环境评价指标体系构建

5.1 理论分析与研究假设

5.1.1 科技型企业成长梯队的内部发展环境

（1）技术环境。科技型企业是中小型企业的重要组成部分，也是企业创新的载体，同时创新又是企业发展的动力来源，大学、科研机构和企业的合作有利于改善研发环境；另一方面，科研成果的市场转化和推广决定了企业的发展前景，企业对员工进行技术、技能培训可以提升企业整体技术水平。基于此，可以提出本研究的第1个研究假设。

研究假设1：技术环境对科技型企业成长具有正向、显著影响，是科技型企业成长梯队发展的关键内部环境因素。

（2）人力资源环境。人才对一个企业来说至关重要，在生产活动中起主导作用，一个企业发展得好不好关键在于能否引进人才、用好人才和留住人才，要想留住人才就得有合理的晋升机制和激励机制，同时也需要合理的人才考评制度。基于此，可以提出本研究的第2个研究假设。

研究假设2：人力资源环境对科技型企业成长具有正向、显著影响，是科技型企业成长梯队发展的重要内部环境因素。

5.1.2 科技型企业成长梯队的外部发展环境

（1）政策创新环境。政策是国家进行宏观管理的依据，制定一系列政策法规推动国家治理，扶持企业发展，政府通过投入研发经费减轻企业负担，同时降低企业研发成本。地方法规的出台和产业政策的创新可以帮助企业稳定成长，改善贸易环境，完善相关法律制度，有利于企业发展。基于此，可以提出本研究的第3个研究假设。

研究假设3：政策创新环境对科技型企业成长具有正向、显著影响，是科技型企业成长梯队发展的重要外部环境因素。

（2）资金信贷环境。科技型企业的一大特点就是花大量人力、物力和财力投入研究开发，技术创新是企业生存发展的保障，良好的融资环境可以为企业注入新鲜的资金血液，而融资问题也是所有企业成长路上的障碍，解决企业和银行、金融机构之间的信息不对称问题非常重要，没有资金困扰企业才能持续健康成长发展。基于此，可以提出本研究的第4个研究假设。

研究假设4：资金信贷环境对科技型企业成长具有正向、显著影响，是科技型企业成长梯队发展的关键外部环境因素。

（3）市场环境。市场是科技型企业发展的目标导向，科技型企业生产的产品和服务应适应市场的需求，哪里有需求哪里就有市场，产品和需求的旺盛程度决定了一个企业的市场竞争能力，市场创新对于科技型企业成长梯队的发展至关重要，无论是生产市场还是消费市场，对科技型企业成长梯队的发展均具有重要影响。基于此，可以提出本研究的第5个研究假设。

研究假设5：市场环境对科技型企业成长具有正向、显著影响，是科技型企业成长梯队发展的主要外部环境因素。

（4）文化环境。企业所在地区及企业经营场所涉及人群的文化，由道德观念、价值观念、宗教信仰等构成，当地的教育情况会影响人们的道德观念和价值判断。因此，一个地区的文化形态对企业经营有着重大影响。基于此，可以提出本研究的第6个研究假设。

研究假设6：文化环境对科技型企业成长具有正向、显著影响，是科技型企业成长梯队发展的必要外部环境因素。

（5）社会服务环境。社会服务环境是指为科技型企业成长提供技术支持、业务指导、政策咨询和中介服务等有形的或无形的服务。一是为企业技术创新提供各种设备和平台，如实验室和技术园区；二是为企业在遇到难题时提供技术咨询和相关服务，如研究院、科研所等机构；三是为企业技术创新活动提供科研成果修改与测试，如工程技术中心和测试中心等。基于此，可以提出本研究的第7个研究假设。

研究假设7：社会服务环境对科技型企业成长具有正向、显著影响，是科技型企业成长梯队发展的基本外部环境因素。

5.2 分析框架构建

根据上述研究假设，本研究尝试从产业经济切入，基于产业创新视角，把科技型企业成长梯队设定为一个科技产业系统，依据贵州省科学技术厅对科技型企业成长梯队的界定，把大学生创业企业、科技型种子企业、科技型小巨人成长企业、科技型小巨人企业、创新型领军企业培育企业设定为5个子系统，把产业创新界定为以科技创新为导向，以创新驱动为主线，涵盖制度创新、技术创新、人才创新、金融创新、市场创新、文化创新和服务创新的综合体，把科技型企业成长梯队的发展看作是内外部环境共同作用的结果。

因此，本研究选取技术环境、人力资源环境作为科技型企业成长梯队发展内部环境因素的2个主要研究变量，选取政策创新环境、资金信贷环境、市场环境、文化环境和社会服务环境作为科技型企业成长梯队发展外部环境因素的5个主要研究变量，运用主成分分析法，设定内外部环境影响因素（技术环境、人力资源环境、政策创新环境、资金信贷环境、市场环境、文化环境和社会服务环境）为自变量，以科技型企业成长梯队发展环境为因变量，构建主成分分析理论模型，为系统构建科技型企业成长梯队发展环境的评价指标体系提供理论依据，为此，本研究构建的分析框架为"基于产业创新的科技型企业成长梯队发展环境评价指标体系理论模型"，如图5-1所示。

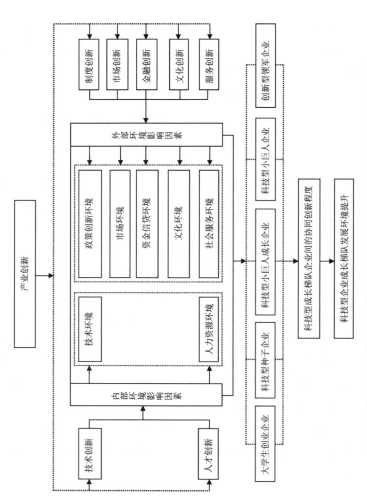

图 5-1 基于产业创新的科技型企业成长梯队发展环境评价指标体系理论模型

5.3 指标体系构建

5.3.1 指标选取原则

　　科技型企业成长梯队的发展是内外部发展环境共同作用的结果，其发展环境评价指标体系构建应遵循以下原则：（1）科学性原则。各指标设计要合理，符合实际现实生产情况。（2）整体性与全面性原则。每个环境指标设计应包含各方面信息，做到全面或大部分涵盖研究信息。（3）可比性与可行性。指标设计需要的数据不要涉及企业的关键信息或秘密，否则很难获得数据，各指标之间要有比较性。（4）导向性原则。设计的评价指标要具有规范和指导作用，引导改进发展环境。（5）层次性。各指标之间有明显的区分度，层次由少到多，由宏观到具体。

5.3.2 评价指标体系构建

5.3.2.1 指标体系结构

　　科技型企业成长梯队发展环境评价指标体系的构建，主要采取文献梳理、专家访谈、问卷调查、层次分析等方法，提出如下适合科技型企业成长梯队发展环境的分层递阶评价指标体系。（1）人力资源环境：科研人才素质、科研人才数量、科技人才晋升、激励机制合理性、科技人才引进力度。（2）技术环境：研究成果市场转化率、研发经费投入力度、研发人才储备、技术创新能力、员工技术培训。（3）政策创新环境：政策资金投入、政策法律保障、地方法规创新、政策支持力度、产业政策创新。（4）市场环境：市场结构、消费者状况、竞争机制、市场进入、知识扩散程度。（5）资金信贷环境：融资渠道、信贷支持、金融机构服务水平、资本累积机制、风险投资。（6）文化环境：教育投入力度、公共图书馆建设。（7）社会服务环境：中介服务水平、政府机构服务质量、基础设施建设。

5.3.2.2 指标体系构建

本研究基于产业创新视角，根据"基于产业创新的科技型企业成长梯队发展环境评价指标体系理论模型"（图5-1），从制度创新、技术创新、人才创新、金融创新、市场创新、文化创新和服务创新出发，拓展和深化张玉明（2009）构建的科技型中小企业成长机制评价指标体系的一级指标和二级指标，重新设定新的三级指标体系，系统构建科技型企业成长梯队发展环境的评价指标体系。新拓展的指标体系与已有研究的指标体系最大的不同在于，现有研究仅仅关注科技型中小企业子系统，尚未探究整个产业系统，而本研究构建的指标体系是科技型企业成长梯队成长环境的评价指标，不仅包括了科技型中小企业子系统，还包括了大学生创业企业、科技型种子企业、科技型小巨人成长企业、科技型小巨人企业、创新型领军企业培育企业，是对已有研究的进一步深化和拓展。本研究系统构建的科技型企业成长梯队发展环境评价指标体系由一级指标体系、二级指标体系和三级指标体系组成，其中，一级指标体系包括技术环境、人力资源环境、政策创新环境、资金信贷环境、市场环境、文化环境和社会服务环境7个维度；二级指标体系共选取30个指标；三级指标即二级指标的可操作性变量，共设定30个三级指标。新构建的"基于产业创新的科技型企业成长梯队发展环境评价指标体系"详见表5-1。

表5-1　基于产业创新的科技型企业成长梯队发展环境评价指标体系

一级指标	二级指标	三级指标
人力资源环境	科研人才素质	科研人才的受教育情况
	科研人才数量	科研人才数量需求满足情况
	科技人才晋升	技术人员考评
	激励机制合理性	企业激励机制建设力度
	科技人才引进力度	技术人员引进支持力度
技术环境	研发成果市场转化率	研发成果市场转换和推广程度
	研发经费投入力度	科研经费投入占销售收入比重
	研发人才储备	科研人员所占比重
	技术创新能力	专有技术和专利数量
	员工技术培训	员工技术培训强度
政策创新环境	政策资金投入	政府研发经费投入占研发经费总额比重
	政策法律保障	知识产权保护力度
	地方法规创新	地方法规健全程度
	政策支持力度	政府对企业税额减免程度
	产业政策创新	贸易环境公平程度
市场环境	市场结构	成长梯队企业占科技型企业的比重
	消费者状况	当地消费者的平均收入水平
	竞争机制	成长梯队企业之间的竞争程度
	市场占有率	进入市场难易程度

续表

一级指标	二级指标	三级指标
	知识扩散程度	成长梯队内技术合作程度
资金信贷环境	融资渠道	融资渠道完善程度
	信贷支持	银行贷款利率优惠幅度
	金融机构服务水平	金融机构服务完善程度
	资本累积机制	资本累积的应用程度
	风险投资	风险投资发育程度
文化环境	教育投入力度	教育支出占GDP比重
	公共图书馆建设	对图书馆建设的满意度
社会服务环境	中介服务水平	中介机构服务质量满意度
	政府机构服务质量	对政府机构服务质量的满意度
	基础设施建设	对物流基地建设的满意度

5.3.2.3 指标权重确定

科技型企业成长梯队发展环境是多个环境评价因子综合作用的结果，不同的评价指标对科技型企业成长梯队的影响有所不同，为了体现评价指标对于评价对象影响程度的差异，对各个评价指标进行赋权。选择适当的方法进行合理赋权，对提高成长梯队发展环境评价的精度有重要意义。客观赋权法主要利用指标数据之间客观存在的内在特征来确定权重，该法以各个指标提供的信息量的相对大小为依据，一定程度上降低了人为认识的差别对评价结果的影响，方法有均权法、熵值法、主成分分析法等。本研究采用的赋权方法是主成分分析法。

5.4 实证检验

5.4.1 变量设定与赋值

依据基于产业创新的科技型企业成长梯队发展环境评价指标体系（表5-1）和理论模型（图5-1），本研究设定的研究变量包括1个因变量和30个自变量，因变量为科技型企业成长梯队发展环境，指科技型企业成长梯队间的高质量发展程度，用大写字母Y表示，自变量包括30个二级指标，用$X_1 \cdots X_{30}$表示，详见表5-2。

表5-2　变量设定与赋值

变量符号	变量名称	变量含义	变量赋值
Y	科技型企业成长梯队发展环境	科技型企业成长梯队间的高质量发展程度	1,非常低;2,较低;3,一般;4,较高;5,非常高
X_1	科研人才素质	科研人才的受教育情况	1,不重要;2,较不重要;3,一般重要;4,比较重要;5,非常重要
X_2	科研人才数量	科研人才数量需求满足情况	
X_3	科技人才晋升	技术人员考评	
X_4	激励机制合理性	企业激励机制建设力度	
X_5	科技人才引进力度	技术人员引进支持力度	

续表

变量符号	变量名称	变量含义	变量赋值
X_6	研究成果市场转化率	研发成果市场转换和推广程度	
X_7	研发经费投入力度	科研经费投入占销售收入比重	
X_8	研发人才储备	科研人员所占比重	
X_9	技术创新能力	专有技术和专利数量	
X_{10}	员工技术培训	员工技术培训强度	
X_{11}	政策资金投入	政府研发经费投入占研发经费总额比重	
X_{12}	政策法律保障	知识产权保护力度	
X_{13}	地方法规创新	地方法规健全程度	
X_{14}	政策支持力度	政府对企业税额减免程度	
X_{15}	产业政策创新	贸易环境公平程度	
X_{16}	市场结构	成长梯队企业占科技型企业的比重	
X_{17}	消费者状况	当地消费者的平均收入水平	
X_{18}	竞争机制	梯队企业之间的竞争程度	
X_{19}	市场占有率	进入市场难易程度	
X_{20}	知识扩散程度	成长梯队内技术合作程度	
X_{21}	融资渠道	融资渠道完善程度	
X_{22}	信贷支持	银行贷款利率优惠幅度	

续表

变量 符号	变量名称	变量含义	变量赋值
X_{23}	金融机构服务水平	金融机构服务完善程度	
X_{24}	资本累积机制	资本累积应用程度	
X_{25}	风险投资	风险投资发育程度	
X_{26}	教育投入力度	教育支出占国内生产总值 （GDP）比重	
X_{27}	公共图书馆建设	对图书馆建设的满意度	
X_{28}	中介服务水平	中介机构服务质量满意度	
X_{29}	政府机构服务质量	对政府机构服务质量的满 意度	
X_{30}	基础设施建设	对物流基地建设的满意度	

5.4.2 实证模型构建

根据"基于产业创新的科技型企业成长梯队发展环境评价指标体系"（表5-1）和变量设定（表5-2），本研究选择主成分分析法构建数理模型和实证模型。

5.4.2.1 数理模型构建

先假设研究对象有 n 个样本，p 个变量，变量用 $X_1,X_2\cdots,X_P$ 表示，这 p 个指标向量构成向量 X（$X_1,X_2,\cdots,X_P$），将原始数据整理成矩阵形式：

$$X = \begin{bmatrix} X_{11} & X_{12} & X_{13} & \cdots & X_{1P} \\ X_{21} & X_{22} & X_{23} & \cdots & X_{2P} \\ \cdots & \cdots & \cdots & \cdots & \cdots \\ X_{n1} & X_{n2} & X_{n3} & \cdots & X_{np} \end{bmatrix}$$

如果对 X 进一步线性变化，可以得到一个新的综合变量 Y

$$\begin{cases} Y_1 = \mu_{11}X_1 + \mu_{12}X_2 + \cdots + \mu_{1P}X_P \\ Y_2 = \mu_{21}X_1 + \mu_{22}X_2 + \cdots + \mu_{2P}X_P \\ \cdots \quad \cdots \quad \quad \cdots \quad \quad \cdots \quad \quad \cdots \\ Y_P = \mu_{P1}X_1 + \mu_{P2}X_2 + \cdots + \mu_{PP}X_P \end{cases}$$

其中，$\mu_{i1}^2 + \mu_{i2}^2 + \mu_{i3}^2 + \cdots + \mu_{ip}^2 = 1(i = 1,2,3\cdots,p)$。

对上式的系数有如下线性约束：

（1）Y_i 与 Y_j（i 不等于 j，i, j=1,2,…3,p）不相关。

（2）Y_i 是 $X_1, X_2, X_3, \cdots, X_p$ 的一切线性组合（系数满足 $\mu_{i1}^2 + \mu_{i2}^2 + \mu_{i3}^2 + \cdots + \mu_{ip}^2 = 1$）中方差最大的；$Y_2$ 是与 Y_1 不相关的 X_1，X_2，$X_3, \cdots, X_p$ 的一切线性组合中方差最大的；Y_P 是与 $Y_1, Y_2, \cdots$，Y_{P-1} 不相关的 $X_1, X_2, X_3, \cdots, X_p$ 的一切线性组合中方差最大的。

根据以上原则确定的变量 Y_1, Y_2, Y_3, Y_P 依次称为原有变量 $X_1, X_2, X_3, \cdots, X_p$ 的第一个，第二个…第 P 个主成分。

5.4.2.2 实证模型构建

（1）数据标准化处理。

（2）适应性检验，判定指标之间的相关性。

（3）计算相关系数矩阵 R

$$R = \begin{bmatrix} X_{11} & X_{12} & X_{13} & \cdots & X_{1P} \\ X_{21} & X_{22} & X_{23} & \cdots & X_{2P} \\ \cdots & \cdots & \cdots & \cdots & \cdots \\ X_{n1} & X_{n2} & X_{n3} & \cdots & X_{np} \end{bmatrix}$$

（4）确定主成分。表达式如下：

$$Y_i = \mu_{i1} X_1 + \mu_{i2} X_2 + \cdots + \mu_{ip} X_P \ (i = 1, 2, 3, \cdots 30)$$

（5）确定主成分个数。

（6）计算综合得分值（以方差贡献率为主成分的权数），计算公式如下：

$$I = \omega_1 Y_1 + \omega_2 Y_2 + \cdots \omega_P Y_P$$

5.4.3 样本选择与数据收集

5.4.3.1 样本选择

本研究以科技型企业成长梯队高质量发展为研究对象，以科技型成长梯队企业为调查对象，包括大学生创业企业、科技型种子企业、科技型小巨人成长企业、科技型小巨人企业、创新型领军企业培育企业。为了保证研究样本的代表性和科学性，以检验本研究提出的研究假设和评价指标，本研究采用分区域与分层相结合的随机抽样方法选取调查样本，以客观反映科技型企业成长梯队发展环境的评价指标体系。考虑到我国科技型企业发展的区域水平差异和东、中、西三大地区之间的发展不均衡，兼顾区域科技产业发展水平，本研究按照我国行政区划选取西南地区4省（市）作为样本总体区域，包括四川、云南、贵州和重庆。

为保证样本的合理性和代表性，参照贵州省科学技术厅对科技型企业成长梯队的界定，把科技型企业划分为5个层次，第1层次：创新型领军企业培育企业；第2层次：科技型小巨人企业；第3层次：科技型小巨人成长企业；第4层次：科技

型种子企业；第5层次：大学生创业企业，5个层次的科技型
企业成长梯队形如金字塔，第5层次（大学生创业企业）位于
塔底，第1层次（创新型领军企业培育企业）位于塔顶，第
2~4层位于之间。根据注册资金规模可以看出，5个层次是依
次递进和协同创新的关系。按照科技型企业成长梯队5个层次
样本企业各占1/5（20%）的平均抽样原则，本研究以西南地
区4省（市）的地市级以上所有科技型企业作为样本母体进行
分区域与分层随机抽样。首先，从西南地区4省（市）中抽出
样本单位包括5个层次成长梯队企业且大于等于15家科技型企
业的地级市；其次，从抽中的每一个地级市中不放回随机抽出
5家科技型企业，抽中的样本企业包括5个层次科技型成长梯
队企业各1家，即大学生创业企业、科技型种子企业、科技型
小巨人成长企业、科技型小巨人企业、创新型领军企业培育企
业各抽取66家企业，共抽取330家科技型企业。调查样本分布
范围较广，符合西南地区科技型成长梯队企业的分布现状，具
有较好的代表性。总体样本分布特征和科技型成长梯队企业样
本特征的描述统计，详见表5-3和表5-4。

表5-3　总体样本分布特征的描述统计

类别	区域	科技型企业数量/家	频数（样本数）/份	频率/%
地区分布	四川	105	105	31.82
	重庆	55	55	16.66
	云南	95	95	28.79
	贵州	75	75	22.73
合计	—	330	330	100

表5-4 科技型企业成长梯队样本特征的描述性统计

科技型成长梯队企业层次（级别）	区域	数量/家	频数（样本数)/份	频率/%
创新型领军企业培育企业（一层次）	四川	21	21	6.36
	重庆	11	11	3.33
	云南	19	19	5.76
	贵州	15	15	4.55
科技型小巨人企业（二层次）	四川	21	21	6.36
	重庆	11	11	3.33
	云南	19	19	5.76
	贵州	15	15	4.55
科技型小巨人成长企业（三层次）	四川	21	21	6.36
	重庆	11	11	3.33
	云南	19	19	5.76
	贵州	15	15	4.55
科技型种子企业（四层次）	四川	21	21	6.36
	重庆	11	11	3.33
	云南	19	19	5.76
	贵州	15	15	4.55
大学生创业企业（五层次）	四川	21	21	6.36
	重庆	11	11	3.33
	云南	19	19	5.76
	贵州	15	15	4.55
合计	—	330	330	100

5.4.3.2 数据收集

本研究主要采用实地访谈与问卷调查相结合的方式来获取样本数据，运用主成分分析模型对"基于产业创新的科技型企业成长梯队高质量发展评价指标体系"（表5-1）和"研究假设"进行实证检验。本研究实证研究的基础数据来源于对西南地区4省（市）330家科技型企业（大学生创业企业、科技型种子企业、科技型小巨人成长企业、科技型小巨人企业、创新型领军企业培育企业）进行的抽样问卷调查。问卷调查的区域包括四川、重庆、云南、贵州4省（市）。整个调研共发放问卷352份，实际获得的有效问卷为330份，为保证样本企业的代表性，要求1个受访企业填写1~2份问卷，访谈和调查对象为各受访科技型企业的主要负责人，包括董事长、总经理、副总经理、市场部经理、技术部经理、财务部经理和人力资源管理部经理，问卷有效率达到93.75%，数据来源具有较好的代表性和真实性。调查样本总量大于200份，符合主成分分析模型实证检验的样本总体要求。

5.4.4 模型检验与计量结果

5.4.4.1 主成分适用性检验

（1）KMO检验标准。对于多层次、多指标的科技型企业成长梯队发展环境评价指标体系，并不是所有的指标数据都适合做主成分分析。因此，在进行主成分分析之前，要进行适用性检验（KMO检验）。KMO检验标准如表5-5所示。

表5-5　KMO值检验标准

KMO值	适用性程度
(0.9, 1]	非常适合
(0.8, 0.9]	适合
(0.7, 0.8]	一般
(0.6, 0.7]	不太适合
(0.5, 0.6]	不适合
[0, 0.5]	极不适合

（2）KMO检验结果。通常KMO值大于0.70为通过主成分适用性检验，根据KMO值的检验标准（表5-5），本研究对"基于产业创新的科技型企业成长梯队发展环境评价指标体系"（表5-1）的7个一级指标进行KMO检验，检验结果如表5-6所示。

表5-6　KMO值检验结果

一级指标名称	KMO值	适用性程度	检验结果
技术环境	0.832	适合	通过
人力资源环境	0.854	适合	通过
政策创新环境	0.866	适合	通过
市场环境	0.791	一般	通过
资金信贷环境	0.910	非常适合	一级指标名称
文化环境	0.765	一般	通过
社会服务环境	0.716	一般	通过

5.4.4.2 科技型企业成长梯队发展环境指数计算结果

运用主成分分析实证模型和 281 份有效问卷调查数据，对"基于产业创新的科技型企业成长梯队发展环境评价指标体系"（表 5-1）的 30 个二级指标进行计算，主成分指数结果如下。

（1）技术环境指数。

$I_{技术环境}$ ＝（64.525 / 86.676）Y_1＋（12.090 / 86.676）Y_2＋（10.061/86.676）Y_3 ＝ $0.744Y_1+0.139Y_2+0.116Y_3$

（2）人力资源环境指数。

$I_{人力资源环境}$ ＝（68.580 / 88.603）Y_1＋（11.218 / 88.603）Y_2＋（8.805/88.603）Y_3 ＝ $0.774Y_1+0.127Y_2+0.099Y_3$

（3）政策创新环境指数。

$I_{政策创新环境}$ ＝（34.684 / 89.331）Y_1＋（33.170 / 89.331）Y_2＋（21.477/89.331）Y_3 ＝ $0.388Y_1+0.371Y_2+0.240Y_3$

（4）市场环境指数。

$I_{市场环境}$ ＝（37.244 / 91.022）Y_1＋（31.639 / 91.022）Y_2＋（22.140/91.022）Y_3 ＝ $0.409Y_1+0.347Y_2+0.243Y_3$

（5）资金信贷环境指数。

$I_{资金信贷环境}$ ＝（34.219 / 90.440）Y_1＋（33.615 / 90.440）Y_2＋（22.606/90.440）Y_3 ＝ $0.378Y_1+0.372Y_2+0.250Y_3$

（6）文化环境指数。

$I_{文化环境}$ ＝（45.898 / 87.527）Y_1＋（41.628 / 87.527）Y_2＝ $0.524Y_1+0.476Y_2$

（7）社会服务环境指数。

$I_{社会服务环境} = （50.361 / 96.132） Y_1 + （39.531 / 96.132） Y_2 = 0.523Y_1 + 0.411Y_2$

5.4.5 实证结果与分析

5.4.5.1 实证结果

运用主成分分析实证模型和281份有效问卷调查数据，对"基于产业创新的科技型企业成长梯队发展环境评价指标体系"（表5-1）的7个一级指标和30个二级指标进行计算，指标成分得分结果如表5-7和表5-8。

表5-7　科技型企业成长梯队发展环境一级指标成分得分系数矩阵

一级评价指标	指标得分
技术环境	0.306
人力资源环境	0.235
政策创新环境	0.219
市场环境	0.295
资金信贷环境	0.391
文化环境	0.203
社会服务环境	0.171

表5-8　科技型企业成长梯队发展环境二级指标成分得分系数矩阵

二级评价指标	指标得分
科研人才素质	0.259
科研人才数量	0.235
科技人才晋升	0.224
激励机制合理性	0.250
科技人才引进力度	0.237
研究成果市场转化率	0.240
研发经费投入力度	0.237
研发人才储备	0.274
技术创新能力	0.248
员工技术培训	0.245
政策资金投入	0.236
政策法律保障	0.231
政策法规创新	0.239
政策支持力度	0.238
产业政策创新	0.231
市场结构	0.252
消费者状况	0.232
竞争机制	0.219
市场占有率	0.257
知识扩散程度	0.254

续表

二级评价指标	指标得分
市场结构	0.252
融资渠道	0.231
信贷支持	0.251
金融机构服务水平	0.227
资本累积机制	0.240
风险投资	0.239
教育投入力度	0.229
公共图书馆建设	0.225
中介服务水平	0.227
政府机构服务质量	0.238
基础设施建设	0.222

5.4.5.2 结果分析

根据实证检验的科技型企业成长梯队发展环境一级指标成分得分系数矩阵（表5-5）和二级指标成分得分系数矩阵（表5-6），通过对一级指标和二级指标成分得分进行排序可以看出：（1）科技型企业成长梯队发展环境评价一级指标的重要程度依次为资金信贷环境（0.391）、技术环境（0.306）、市场环境（0.295）、人力资源环境（0.235）、政策创新环境（0.219）、文化环境（0.203）和社会服务环境（0.171）；（2）比较重要的二级指标包括研发人才储备（0.274）、科研人才素质（0.259）、市场占有率（0.257）、知识扩散程度（0.254）、市场结构（0.252）、信贷支持（0.251）、激励机制合理性（0.250）、技术创新能力（0.248）、员工技术培训（0.245）、资本累积机制（0.240）、风险投资（0.239）、科技人才引进力度（0.237）12个指标。这一结果将为政府加强科技型企业成长梯队的培育提供决策参考，也可为科技型企业成长梯队改善发展环境，为提升高质量发展能力提供实践依据。

6 科技型企业成长梯队协同创新行为研究

6.1 理论模型与研究假设

6.1.1 理论模型构建

6.1.1.1 协同创新环境与协同创新机制

  科企协同创新是企业、科研院所和高校三个基本主体投入各自的优势资源和能力，在政府、科技中介机构、金融机构等相关主体的协同支持下，共同进行技术开发的协同创新活动。创新环境和创新机制是影响科企协同创新实现的主要因素。科企各方的战略协同和风险共担、利益共享的协同机制，可以使合作各方保持长期、稳定的协作关系。科企协同创新机制在动力方面需要政策、技术、资金支持，协同创新机制内的各个主体在战略协同的引领下，各个成员拥有相同的价值取向和行为取向。

6.1.1.2 协同创新环境与创新战略协同

创新战略是指创新主体为提升自主的创新竞争力对技术创新的发展目标和计划进行全局性的谋划。在国家创新系统中，企业、科研院所和高校既存在着明确的创新职能分工，也存在着各自的创新资源缺口，其优势资源和能力只有在政府、中介、金融机构相关主体协同支持下，才能提高战略创新的协同度。战略协同就是要把政府引导、企业需求与科研院所和高校的科研成果有机地整合起来，实现政府、企业、科研院所和高校创新战略的耦合。

6.1.1.3 协同创新环境与协同创新行为

科企协同创新是以企业、科研院所和高校为核心，按照一定的机制和规则进行合作，其协同创新行为受到外部政策环境、科技中介机构和金融保险机构的影响。政府在科企合作中起着直接和间接的作用，间接作用包括搭建科企合作平台，营造良好的创新环境，科技中介机构和金融保险机构服务也起着间接的作用。在不同的合作模式中，政府的介入程度不同，合作各方的合作关联度也有所不同，对科企协同创新会产生不同的影响。风险投资介入科企协同创新不仅能分解合作风险，还能通过风险投资者所提供的专业化增值服务降低风险。

6.1.1.4 创新战略协同与协同创新行为

科企的深度合作需要战略协同，它首先包含了产业界和学术界在价值观和文化上的协同。企业、科研院所和高校由于在创新过程中的战略定位、资源和能力上存在着明显差异，形成了不同的组织文化和行为准则。创新系统的匹配度是影响协同创新行为的重要原因，系统内知识、资源、战略的协同度都将影响企业的协同创新行为。战略协同是科企成功合作的基础，科企协同创新显著不同于企业与企业之间的协同创新，只有找准了"利益—风险"均衡点，建立战略性伙伴关系，才能使产业创新链得以互补、拓展和延伸。

6.1.1.5 协同创新机制与协同创新行为

科企协同创新机制主要包括激励机制、利益分配机制、风险分担机制、文化机制和沟通机制。就激励机制而言，激励是科企协同创新的主要动力，政府的支持政策有助于形成良好的外部激励机制、改善合作条件，从而促进科企协同创新的进行。就利益分配机制而言，利益分配机制是目前制约科企协同创新的一个关键性问题，也是影响科研人员参与协同创新的主要因素。就风险分担机制而言，创新本身是一项存在风险的活动，任何参与协同创新的主体，既做出了贡献，也承担一定的风险。就文化机制而言，科企合作中存在明显的以自由探索真理为内涵的学术文化和以追逐利润为内涵的商业文化，科企协同创新的文化价值差异在于各方文化的协同。就沟通机制而言，有效的沟通可以把隐性知识转化为显性知识，把个人知识整合为组织知识，从而发挥知识的整体效益。

　　依据上述理论分析，本章基于要素流动视角，借鉴并拓展了 Barnes 提出的"要素—过程—结果"三阶段分析模型，构建创新环境、协同创新机制与协同创新行为作用机理的结构模型(图 6-1)，从科技型企业层面提出相应研究假设，然后运用结构方程模型，采用中西部地区 8 省（市）大中型科技型企业的抽样调查数据对研究假设和理论模型进行实证检验，回答本章提出的关键性问题。

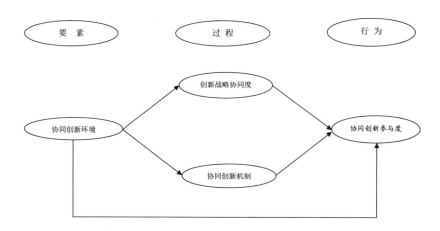

图6-1　创新环境、协同创新机制与协同创新行为作用机理模型

6.1.2 研究假设的提出

　　依据上述理论模型(图 6-1)，结合我国中西部地区大中型科技型企业协同创新参与度影响因素的现实考虑，本章提出如下研究假设。

H_1：协同创新环境对科企创新战略的协同程度具有正向、显著影响。

H_2：协同创新环境对科企协同创新机制的构建具有正向、显著影响。

H_3：协同创新环境对科技型企业协同创新参与度具有正向、显著影响。

H_4：科企创新战略的协同程度对科技型企业协同创新参与度具有正向、显著影响。

H_5：科企协同创新机制对科技型企业协同创新参与度具有正向、显著影响。

H_6：科企创新战略的协同程度对科技型企业协同创新参与度具有中介作用。

H_7：科企协同创新机制对科技型企业协同创新参与度具有中介作用。

6.2 研究设计

6.2.1 问卷设计与变量设定

6.2.1.1 问卷设计

调查问卷量表设计中所使用的指标均为反应性指标，包括4个潜变量（1个外生潜变量、2个中介变量、1个内生潜变量）和17个观测变量。在量表设计之初，先根据4个潜变量设计了4个分量表，然后根据17个观测变量设计了17个测量题项附属于4个分量表。在问题项的测量上，本章涉及的所有观测变量的测量题项均采用Likert(李克特)5级量表设置，量表数据主要是反映受访者主观判断的离散选择数据，量表中各观测变量的属性和尺度设计分别是：1表示"非常不同意"；2表示"不同意"；3表示"不一定"；4表示"同意"；5表示"非常同意"。1～5无大小之分，属于顺序尺度测量，依次表示每一个陈述句所描述的观测变量与实际情况相符的程度。

6.2.1.2 变量设定与测量

　　基于调查问卷量表设定，本章对研究变量进行了进一步的设定与测量，为后续结构方程模型的构建和实证分析提供理论依据。（1）协同创新环境的测量。主要根据 Martinez（2011）、Thorgren（2009）、解学梅（2015）等人的理论观点提炼出政策支持、中介服务、金融支持和保险服务4个反应性指标。（2）创新战略协同度的测量。主要参考 Geisler（1995）、何郁冰（2012）、陈劲（2012）等人对创新战略的研究成果提炼出种业发展战略协同度、知识创新战略协同度、技术创新战略协同度3个反应性指标。（3）协同创新机制的测量。主要借鉴Lope（1994）、Yong（1996）、夏红云（2014）等人对协同机制的界定，从激励机制、沟通机制、知识产权保护机制、利益分配机制、风险分担机制、资源共享机制和文化机制7个方面来测量。（4）协同创新参与度的测量。主要参考 DiMaggio（1983）、Hardy（2008）、赵文红（2003）等人对参与度的界定与测量，在他们研究的基础上提炼出合作模式、合作方式和合作频次3个反应性指标。研究变量的设定与测量见表6-1。

表 6-1　研究变量的设定与测量

潜变量 变量 名称	编 码	观测变量（显变量） 变量名称	编 码	序 号	测量题项 题　目	文献来源
协同 创新 环境	ξ_1	政策支持	x_1	1	国家科企合作相关政策的支持力度	Martinez(2011)； Thorgren(2009)； 解学梅(2015)
		中介服务	x_2	2	中介服务机构(科技园区、孵化器)的功能与水平	
		金融支持	x_3	3	金融机构对科企合作研发项目贷款的优惠政策	
		保险服务	x_4	4	保险机构对科企合作的支持力度	
创新 战略 协同 度	η_1	种业发展战略协同度	y_1	5	科企合作战略与国家种业发展战略的协同程度	Geisler(1995)； 何郁冰(2012)； 陈劲(2012)
		技术创新战略协同度	y_2	6	科企合作战略与企业技术创新战略的协同程度	
		市场创新战略协同度	y_3	7	科企合作战略与企业市场创新战略的协同程度	
协同 创新 机制	η_2	激励机制	y_4	8	科企合作双方工作人员工资和福利待遇分配的合理性	Lope(1994)； Yong(1996)； 夏红云(2014)
		沟通机制	y_5	9	科企合作沟通平台的搭建	
		知识产权保护机制	y_6	10	科企合作双方新品种权的归属	

83

续表

潜变量名称	编码	变量名称	编码	序号	题　目	文献来源
		利益分配机制	y_7	11	科企合作双方成果利润分配的公平合理性	
		风险分担机制	y_8	12	科企合作过程中的市场风险分担	
		资源共享机制	y_9	13	科企合作过程中双方优势资源的共享程度	
		文化机制	y_{10}	14	科企合作团队成员之间的相互信任和相互尊重	DiMaggio(1983)；Hardy(2003)；赵文红(2008)
协同创新参与度	η_3	合作模式	y_{11}	15	合作模式有利于科技型企业参与科企协同创新	
		合作方式	y_{12}	16	合作方式能够促进科技型企业实现科企协同创新	
		合作频次	y_{13}	17	合作次数的多少能够稳定双方合作关系，有利于科技型企业实现科企协同创新	

6.2.2 数据收集

本章依托国家社会科学基金一般项目"基于商业化育种视角的农作物种业科企合作的实现机制研究"来选择研究样本，以科技型企业作为分析单位，以科技型企业的协同创新行为作为研究对象。根据农业部种子管理局和农业部信息中心主办的中国种业信息网公布的科技型企业名单进行抽样调查，调查采用了分区域与分类别相结合的分层随机抽样的方法选取样本。首先，把中西部地区8省（市）作为总体区域，按照样本总体的区域分布，从总体中抽出样本企业数目大于5家的地级市；其次，从抽中的每一个地级市中抽出注册资本在3 000万元以上的科技型企业；再次，从抽中的3 000万元以上的科技型企业中，按照地理分布特征，在每个省（市）随机抽出3~5个县（市、区）；最后，从抽中的每个县（市、区）随机抽取符合设定条件的2~3个样本企业。研究样本分布范围较广，具有较好的代表性，样本特征的描述性统计见表6-2。

本章主要选择大中型科技型企业作为实证对象进行实地调研，采用实地访谈和问卷调查相结合的方式来获取样本数据，基础数据来源于对中西部地区8省（市）注册资本在3 000万元以上的126个科技型企业进行的抽样调查，问卷调查的区域包括四川、云南、贵州、重庆、陕西、甘肃、湖南、河南8省（市）。调查方法是采用"一对一专访"方式，整个调研共发放问卷526份，实际获得的有效问卷为505份，问卷有效率达到96.01%，数据来源具有较好的代表性和真实性。有效问卷的总量大于200份，符合结构方程模型实证分析的样本数要求。

表6-2 样本特征的描述性统计

类别	企业概况	企业数	频数（样本数)/份	频率/%
地区分布	四川	63	231	45.74
	云南	12	52	10.30
	贵州	6	33	6.53
	重庆	6	36	7.13
	甘肃	8	35	6.93
	陕西	6	32	6.34
	湖南	16	51	10.10
	河南	9	35	6.93
成立年限	1～5年	16	63	12.48
	6～10年	38	152	30.10
	11～15年	55	226	44.75
	16～20年	11	39	7.72
	21年以上	6	25	4.95
企业性质	国有企业	18	82	16.24
	民营企业	108	423	83.76
企业规模	注册资本3 000万～1亿元	105	416	82.38
	注册资本1亿元以上	21	89	17.62
经营范围	育繁推一体化	26	106	20.99
	种子研发、生产、经营相结合	92	368	72.87
	种子生产经营相结合	8	31	6.14

6.2.3 信度检验与效度检验

6.2.3.1 信度检验

综合运用SPSS 22.0和AMOS 17.0统计软件，在对测量模型进行验证性因子分析的基础上，删除研究变量设定与测量表中代码为y_5的观测变量，对研究变量进行信度检验。检验结果如6-3所示，结果显示：（1）整个问卷的Cronbach's α=0.828＞0.70，说明问卷的整体信度较高；（2）各潜变量的Cronbach's α系数值均大于或接近0.70，说明潜变量信度较高；（3）各潜变量的组合信度（CR）系数值均大于0.80，表明各潜变量的相应观测变量之间具有较强的相关性和内部结构一致性，各测量模型具有较好的稳定性和可靠性。总体来看，检验结果表明本章设定的测量模型整体信度较高。

表6-3 研究变量的信度检验结果

潜变量	观测变量	题数	Cronbach's α 值	组合信度值（CR）
协同创新环境（ξ_1）	x_1 x_2 x_3 x_4	4	0.739	0.835
创新战略协同度（η_1）	y_1 y_2 y_3	3	0.739	0.868
协同创新机制（η_2）	y_4 y_6 y_7 y_8 y_9 y_{10}	6	0.773	0.875
协同创新参与度（η_3）	y_{11} y_{12} y_{13}	3	0.649	0.922
整个问卷	——	16	0.828	——

6.2.3.2 效度检验

采用验证性因子分析法（CFA）对 4 个潜变量的测量模型进行聚合效度和区别效度检验，验证性因子分析结果如表 6-4 和表 6-5 所示。检验结果表明：（1）4 个测量模型所有观测指标在各自归属潜变量的标准化因子载荷值位于 0.514 ~ 0.899 区间，均大于 0.50；（2）各潜变量对应观测变量的所有路径系数的临界比值位于 8.513 ~ 13.427 区间，均大于 3.28，且均通过 $P < 0.001$ 显著性水平的统计检验，说明各观测指标均聚合于相应潜变量，各潜变量对其观测指标均具有较好的解释力，表明测量模型具有较好的聚合效度；（3）从表 6-5 可以看出，各潜变量平均方差抽取量(AVE)的平方根(表中对角线上的数值)均大于该潜变量与其他潜变量之间的相关系数(表中非对角线上的数值)，表示各潜变量之间有较好的区分度，表明测量模型的区别效度较高。

表6-4   测量模型的聚合效度检验结果

路径关系	非标准化因子载荷系数	标准误（S.E.）	临界比值（C.R.）	显著性概率（P）	标准化因子载荷系数
$x_1 \leftarrow \xi_1$	1.000	—	—	—	0.714
$x_2 \leftarrow \xi_1$	0.730***	0.082	8.954	0.000	0.514
$x_3 \leftarrow \xi_1$	0.988***	0.079	12.455	0.000	0.703
$x_4 \leftarrow \xi_1$	1.006***	0.087	11.544	0.000	0.713
$y_1 \leftarrow \eta_1$	1.000	—	—	—	0.657
$y_2 \leftarrow \eta_1$	1.631***	0.148	11.015	0.000	0.794
$y_3 \leftarrow \eta_1$	1.639***	0.142	11.554	0.000	0.792
$y_4 \leftarrow \eta_2$	1.000	—	—	—	0.586
$y_6 \leftarrow \eta_2$	0.819***	0.093	8.785	0.000	0.569

续表

路径关系	非标准化因子载荷系数	标准误（S.E.）	临界比值（C.R.）	显著性概率（P）	标准化因子载荷系数
$y_7 \leftarrow \eta_2$	1.165***	0.116	10.006	0.000	0.697
$y_8 \leftarrow \eta_2$	1.093***	0.112	9.732	0.000	0.626
$y_9 \leftarrow \eta_2$	1.425***	0.130	10.927	0.000	0.843
$y_{10} \leftarrow \eta_2$	0.750***	0.088	8.513	0.000	0.542
$y_{11} \leftarrow \eta_3$	0.522***	0.044	11.747	0.000	0.757
$y_{12} \leftarrow \eta_3$	0.657***	0.049	13.427	0.000	0.820
$y_{13} \leftarrow \eta_3$	1.000	—	—	—	0.899

注：***表示通过0.001显著性水平统计检验。

表6-5 测量模型的区别效度检验结果

潜变量	协同创新环境（ξ_1）	创新战略协同度（η_1）	协同创新机制（η_2）	协同创新参与度（η_3）
协同创新环境（ξ_1）	0.663	0.535	0.597	0.369
创新战略协同度（η_1）	0.535	0.749	0.587	0.628
协同创新机制（η_2）	0.597	0.587	0.653	0.588
协同创新参与度（η_3）	0.369	0.628	0.588	0.829

注：对角线上的数值表示各潜变量平均方差抽取量(AVE)的平方根，非对角线上的数值表示各潜变量间的相关系数。

6.2.4 结构方程模型设定

结构方程模型一般用线性方程系统表示，包含测量模型和结构模型，测量模型反映观测变量与潜变量之间的关系，各潜变量不可直接测量，可由观测变量定义，需要有从概念性变量转换到操作性变量的设计过程。结构模型发展了路径分析的优势，可以计算潜变量之间的直接效应，推导间接效应和总效应，表达中介作用，从而表示潜变量之间的因果关系。

结构方程实证模型（SEM）一般由3个矩阵方程式组成，数学表达式如下：

$$\begin{cases} X = \wedge_x \xi + \delta & (6-1) \\ Y = \wedge_y \eta + \varepsilon & (6-2) \\ \eta = B\eta + \varGamma\xi + \zeta & (6-3) \end{cases}$$

式（6-1）表示外生观测变量的测量模型；式（6-2）表示内生观测变量的测量模型；式（6-3）表示内生潜变量（创新战略协同度、协同创新机制、协同创新参与度）之间的结构模型；X和Y分别表示外生观测变量矩阵（$q \times 1$）和内生观测变量矩阵（$p \times 1$）；ζ表示外生潜变量，由一个外生潜变量矩阵（$n \times 1$）ξ_1构成，ξ_1为协同创新环境；η表示内生潜变量，由η_1、η_2和η_3三个内生潜变量矩阵（$m \times 1$）构成，其中，η_1为创新战略协同度，η_2为协同创新机制，η_3为协同创新参与度；$\wedge_x$表示外生观测变量在外生潜变量上的因子载荷矩阵（$q \times n$）；$\wedge_y$表示内生观测变量在内生潜变量上的因子载荷矩阵（$p \times m$）；δ表示外生观测变量的测量误差矩阵（$q \times 1$），ε 表示内生观测变量的测量误差矩阵（$p \times 1$）；B 表示内生潜变量之间的路径系数矩阵（$m \times m$），Γ 表示外生潜变量对相应内生潜变量的路径系数矩阵（$m \times n$）；ζ 表示内生潜变量的测量误差矩阵（$p \times 1$）；p 是内生观测变量的数目，q 是外生观测变量的数目；m 是内生潜变量的个数，n 是外生潜变量的个数。

基于上述理论模型和研究设计，本章运用 AMOS 17.0 统计软件，在对测量模型进行验证性因子分析的基础上，删除研究变量设定与测量表中属于协同创新机制潜变量的代码为 y_5（沟通机制）的观测变量，通过对变量进行信度和效度检验后，建立创新环境、协同创新机制与科技型企业协同创新参与度作用机理的结构方程实证模型，以路径图表示，具体如图6-2所示，共需估计6个基础参数矩阵。

图6-2中，椭圆表示潜变量，方框表示观测变量，圆表示残差变量；ξ_1 表示外生潜变量协同创新环境，η_1 表示中介变量创新战略协同度，η_2 表示中介变量协同创新机制，η_3 表示内生潜变量协同创新参与度；$x_1 \sim x_4$ 表示外生潜变量协同创新环境（ξ_1）对应的外生观测变量；$y_1 \sim y_3$ 表示中介变量创新战略协同度（η_1）对应的内生观测变量，$y_4 \sim y_{10}$ 表示中介变量协同创新机制（η_2）对应的内生观测变量，$y_{11} \sim y_{13}$ 表示内生潜变量协同创新参与度（η_3）对应的内生观测变量；$\lambda_1 \sim \lambda_4$ 表示外生潜变量 ξ_1 指向对应外生观测变量 $x_1 \sim x_4$ 的路径系数，$\omega_1 \sim \omega_{13}$ 表示各内生潜变量指向对应内生观测变量的路径系数；γ_{11}、γ_{21}、γ_{31}、β_{31}、β_{32} 表示各潜变量之间相互作用的路径系数；$\delta_1 \sim \delta_4$ 表示外生观测变量的测量误差，$\varepsilon_1 \sim \varepsilon_{13}$ 表示内生观测变量的测量误

差，$\zeta_1 \sim \zeta_3$ 表示内生潜变量的测量误差，$e_1 \sim e_{16}$ 表示各观测变量的残差；设定每一测量误差的回归系数值均为 1。

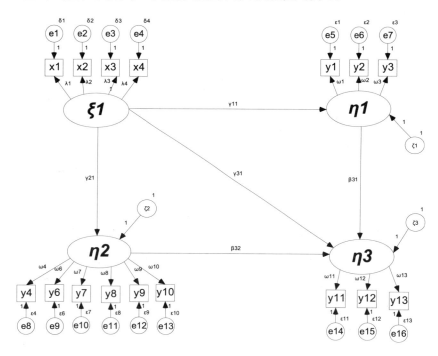

图6-2 创新环境、协同创新机制与科技型企业协同创新行为结构方程实证模型路径图

6.3 实证分析

6.3.1 模型估计

依据设定的结构方程实证模型，运用 AMOS 17.0 统计软件，采用最大似然估计法对上述实证模型设定的 6 个方面的基础参数进行估计，得到结构方程初始模型（M_1），初始模型路径及参数估计结果如图 6-3 所示。

6.3.2 模型评价与假设检验

6.3.2.1 模型评价与修正

模型的修正与确定包括两个阶段：（1）按照模型简约的原则，对通过参数合理性检验和模型整体适配度检验的初始模型进行模型简约方向的修正；（2）按照修正指数 MI 的提示对 M_1 进行扩展方向的修正，通过增加模型的路径关系以减少卡方值来提高模型的整体拟合程度。模型修正前后的拟合参数比较如表 6-6 所示，从表 6-6 可以看出，各项拟合指数检验指标均达到评价标准的良好或理想水平，表明修正模型通过了模型整体适配度检验，修正后的模型与样本观测数据的整体拟合程度较理想。因此，修正后的模型可以作为本章求证的最终模型（图6-4），最终模型参数的显著性检验结果见表 6-7。

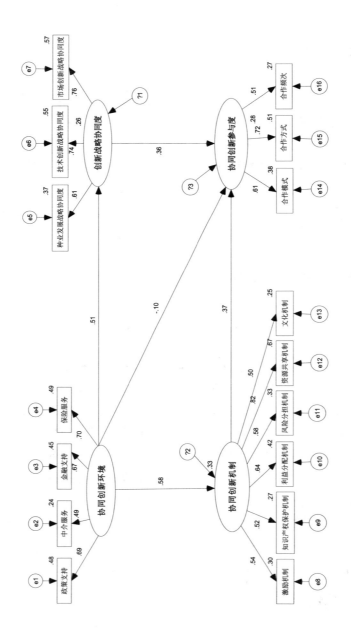

图6-3 创新环境、协同创新机制与科技型企业协同创新行为作用机理初始模型

表6-6 修正后的结构方程型模型整体适配度检验结果

评价指标		指标含义	指标统计量		评价标准	整体适配度评价
			初始模型	最终模型		
绝对适配度指数	χ^2	卡方值	276.232	255.400	越小越好	一般
	χ^2/df	卡方自由度比值	2.790	2.633	<3.00	良好
	RMR	残差均方根	0.030	0.030	<0.05	良好
	RMSEA	近似误差均方根	0.060	0.057	<0.08	良好
	GFI	拟合优度指数	0.938	0.942	>0.90	良好
	AGFI	调整的拟合优度指数	0.915	0.919	>0.90	良好
	CN	临界样本数	505	505	>200	理想
比较适配度指数	NFI	规范拟合指数	0.874	0.883	>0.90	一般
	IFI	增值拟合指数	0.915	0.924	>0.90	良好
	TLI	非规范拟合指数	0.896	0.905	>0.90	良好
	CFI	比较拟合指数	0.914	0.923	>0.90	良好
简约适配度指数	PGFI	简约拟合优度指数	0.683	0.672	>0.50	理想
	PNFI	简约规范拟合指数	0.721	0.714	>0.50	理想
	PCFI	简约比较拟合指数	0.754	0.746	>0.50	理想

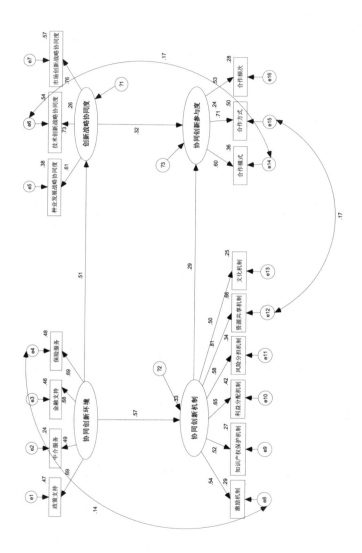

图6-4 创新环境、协同创新新机制与科技型企业协同创新行为作用机理最终模型

表6-7 结构方程最终模型参数显著性检验结果

参数	非标准化参数			标准化参数
	非标准化参数估计值	标准误($S.E.$)	临界比值($C.R.$)	显著性概率(P)	标准化参数估计值
结构模型					
$\gamma11(\xi1\rightarrow\eta1)$	0.596***	0.076	7.836	0.000	0.512
$\gamma21(\xi1\rightarrow\eta2)$	0.697***	0.079	8.836	0.000	0.572
$\beta31(\eta1\rightarrow\eta3)$	0.315***	0.070	4.500	0.000	0.320
$\beta32(\eta2\rightarrow\eta3)$	0.274***	0.064	4.247	0.000	0.291
测量模型					
$\lambda1(\xi1\rightarrow x1)$	0.556***	0.036	15.241	0.000	0.689
$\lambda2(\xi1\rightarrow x2)$	0.409***	0.039	10.397	0.000	0.494
$\lambda3(\xi1\rightarrow x3)$	0.547***	0.037	14.961	0.000	0.675
$\lambda4(\xi1\rightarrow x4)$	0.560***	0.037	15.341	0.000	0.692
$\omega1(\eta1\rightarrow y1)$	0.317***	0.026	12.423	0.000	0.612
$\omega2(\eta1\rightarrow y2)$	0.497***	0.033	15.112	0.000	0.733
$\omega3(\eta1\rightarrow y3)$	0.518***	0.035	14.887	0.000	0.758
$\omega4(\eta2\rightarrow y4)$	0.358***	0.031	11.641	0.000	0.542
$\omega6(\eta2\rightarrow y6)$	0.291***	0.027	10.921	0.000	0.523

续表

参数	非标准化参数				标准化参数估计值
	非标准化参数估计值	标准误(S.E.)	临界比值(C.R.)	显著性概率(P)	
$\omega7(\eta2\rightarrow y7)$	0.411***	0.030	13.708	0.000	0.648
$\omega8(\eta2\rightarrow y8)$	0.390***	0.032	12.118	0.000	0.582
$\omega9(\eta2\rightarrow y9)$	0.505***	0.030	16.589	0.000	0.810
$\omega10(\eta2\rightarrow y10)$	0.270***	0.026	10.442	0.000	0.503
$\omega11(\eta3\rightarrow y11)$	0.288***	0.026	11.261	0.000	0.599
$\omega12(\eta3\rightarrow y12)$	0.374***	0.031	12.070	0.000	0.709
$\omega13(\eta3\rightarrow y13)$	0.259***	0.026	9.828	0.000	0.526
方差					
$\delta1(e1\rightarrow x1)$	0.343***	0.030	11.482	0.000	
$\delta2(e2\rightarrow x2)$	0.517***	0.036	14.366	0.000	
$\delta3(e3\rightarrow x3)$	0.357***	0.030	11.871	0.000	
$\delta4(e4\rightarrow x4)$	0.341***	0.030	11.369	0.000	
$\varepsilon1(e5\rightarrow y1)$	0.227***	0.017	12.954	0.000	
$\varepsilon2(e6\rightarrow y2)$	0.288***	0.030	9.721	0.000	
$\varepsilon3(e7\rightarrow y3)$	0.270***	0.030	8.910	0.000	
$\varepsilon4(e8\rightarrow y4)$	0.456***	0.032	14.259	0.000	
$\varepsilon6(e9\rightarrow y6)$	0.335***	0.023	14.526	0.000	

续表

参数	非标准化参数				标准化参数估计值
	非标准化参数估计值	标准误($S.E.$)	临界比值($C.R.$)	显著性概率(P)	
$\varepsilon7(e10 \rightarrow y7)$	0.347***	0.026	13.308	0.000	
$\varepsilon8(e11 \rightarrow y8)$	0.442***	0.032	13.634	0.000	
$\varepsilon9(e12 \rightarrow y9)$	0.199***	0.023	8.768	0.000	
$\varepsilon10(e13 \rightarrow y10)$	0.320***	0.022	14.666	0.000	
$\varepsilon11(e14 \rightarrow y11)$	0.195***	0.017	11.141	0.000	
$\varepsilon12(e15 \rightarrow y12)$	0.182***	0.023	7.851	0.000	
$\varepsilon13(e16 \rightarrow y13)$	0.231***	0.018	12.908	0.000	
协方差					
$e6 <-> e14$	0.041**	0.014	2.901	0.004	
$e4 <-> e8$	0.056**	0.021	2.677	0.007	
$e12 <-> e15$	0.032*	0.013	2.397	0.017	

注：***、**、*分别表示通过0.001、0.01、0.05显著性水平统计检验。

从图6-4和表6-7可以看出，所有参数的估计值均合理，测量模型各路径系数的标准化因子载荷值均大于或接近0.50，*C.R.* 值均大于1.96（临界值），各参数的标准差均大于零，*P* 值均小于0.05，各参数均通过0.05显著性水平统计检验，各路径关系较显著，表明最终模型通过了参数显著性检验。

6.3.2.2 假设检验

总体来看，最终模型通过了参数合理性检验、整体适配度检验和参数显著性检验，既具有良好的整体适配度或拟合优度，又具有较好的模型解释力，表明最终模型能较好地拟合样本观测数据，能充分反映出调查数据中所包含的大部分信息，实现了理论模型与样本观测数据的较优拟合。研究假设检验结果见表6-8。

表6-8　研究假设检验结果

潜变量间的作用路径	对应假设	非标准化路径系数	临界比值（*C.R.*）	检验结果
$\xi1\rightarrow\eta1$	H_1	0.596***	7.836	成立
$\xi1\rightarrow\eta2$	H_2	0.697***	8.836	成立
$\xi1\rightarrow\eta3$	H_3	−0.122	−1.157	不成立
$\eta1\rightarrow\eta3$	H_4	0.315***	4.500	成立
$\eta2\rightarrow\eta3$	H_5	0.274***	4.247	成立

续表

潜变量间的作用路径	对应假设	非标准化路径系数	临界比值（C.R.）	检验结果
$\xi1\rightarrow\eta1\rightarrow\eta3$	H_6	0.596***→0.315***	7.836→4.500	成立
$\xi1\rightarrow\eta2\rightarrow\eta3$	H_7	0.697***→0.274***	8.836→4.247	成立

注：***表示研究假设通过0.001显著性水平统计检验。

6.3.3 实证结果与分析

实证分析结果如图6-4和表6-7所示，从图6-4和表6-7可以看出：（1）$\xi1\rightarrow\eta1$影响的路径系数为0.596，$C.R.=7.836>3.28$，$\xi1\rightarrow\eta2$影响的路径系数为0.697，$C.R.=8.836>3.28$，说明这两条路径均通过$P<0.001$显著性水平的统计检验，且方向为正，表明创新环境对科技型企业成长梯队创新战略协同度和协同创新机制的影响较显著，H_1和H_2得到验证；（2）$\xi1\rightarrow\eta3$影响的路径系数为-0.122，$C.R.$的绝对值为$1.157<1.96$（临界值），说明这条路径未通过$P<0.05$显著性水平的统计检验，且方向为负，表明创新环境对科技型企业成长梯队协同创新参与度的影响不显著，H_3不成立；（3）$\eta1\rightarrow\eta3$影响的路径系数为0.315，$C.R.=4.500>3.28$，$\eta2\rightarrow\eta3$影响的路径系数为0.274，$C.R.=4.247>3.28$，说明这两条路径均通过$P<0.001$显著性水平的统计检验，且方向为正，表明创新战略协同度和协同创新机制对科技型企业成长梯队协同创新参与度的直接影响较显著，H_4和H_5得到验证；（4）$\xi1\rightarrow\eta1\rightarrow\eta3$影响的中介效应为$0.596\times0.315=0.188$，$C.R.$值分别为7.836和4.500，均大于3.28，说明$\xi1$通过

$\eta1$ 间接影响 $\eta3$，表明创新战略协同度对科技型企业成长梯队协同创新参与度具有中介作用，H_6 得到验证；（5）$\xi1 \rightarrow \eta2 \rightarrow \eta3$ 影响的中介效应为 $0.697 \times 0.274 = 0.191$，$C.R.$ 值分别为 8.836 和 4.247，均大于 3.28，说明 $\xi1$ 通过 $\eta2$ 间接影响 $\eta3$，表明协同创新机制对科技型企业成长梯队协同创新参与度具有中介作用，H_7 得到验证。

7 科技型企业成长梯队高质量发展机制研究

7.1 基于创新要素流动的科技型企业成长梯队高质量发展机制

7.1.1 研究假设与理论模型构建

7.1.1.1 研究假设的提出

（1）创新要素与乡村产业振兴战略。

创新要素是指与创新相关的资源和能力的组合，是创新系统中的资源要素，包括知识、技术、人才、资金、管理、市场、信息等资源。乡村产业振兴战略是习近平总书记提出"五个振兴"之一，是乡村振兴战略实现的关键。长期以来，由于创新要素单向从乡村流向城市，城市实现了繁荣，而乡村却出现了凋敝和空巢，这就导致了城乡经济发展不平衡。一方面，优势资源大多集中在大中小城市，导致城市创新要素供给相对过剩，出现资源浪费现象，创新要素未按照市场规律实现有效配置；另一方面，乡村由于基础设施落后和农业剩余劳动力的大量外流，导致乡村农业产业创新要素供给明显不足，出现创新要素紧缺现象，究其原因，主要是创新要素未能在城乡之间实现双向自由流动，这已经严重制约了乡村农业产业的可持续发展，进而影响城乡三产融合的实现。随着乡村振兴战略的实施，创新要素流动将会逆转，即由过去单向由乡村流向城市转变为在城乡之间双向自由流动，城乡差距将逐渐缩小，乡村农业产业将会迎来新的发展契机。基于上述分析，提出如下研究假设。

H_1：创新要素可以在城乡科技型企业之间双向流动，实现城乡科技型企业之间创新要素的互补，对产业振兴战略的实现具有正向、显著的直接影响。

（2）创新要素与共享机制。

经济学要素流动理论指出，创新要素要实现在城乡之间双向自由流动需具备一定的条件，随着城乡一体化和城乡融合战略的推进，当城乡差别逐渐缩小时，创新要素从城市流向乡村成为可能。共享发展是"创新、协调、绿色、开放、共享"五大发展理念之一。共享经济理论指出，共享经济的内涵表现为产业层面同时获得一样的信息和资源，这些资源在被开发为经济要素时，具有普适性、通用性及兼容性；共享经济的外延性主要表现为基于共享的机制，在经济形式上表现为共同投资、共享利益、共担风险、共同研究、共同开发、共同生产、共同分配、共同利用、共同享有的集体共有状态，包括技术共享机制、人才共享机制、信息共享机制、管理共享机制、利益共享机制和风险共担机制。乡村振兴战略提出的根本目的就是为了消除城乡差别，实现城乡融合。因此，创新要素能否在城乡之间实现双向自由流动取决于城乡科技产业和科技型企业成长梯队之间是否建立了共享机制。基于上述分析，提出如下研究假设。

H_2：创新要素在城乡产业之间的双向自由流动是科技型企业之间建立共享机制的充分条件，对科技型企业成长梯队共享机制的建立具有正向、显著的直接影响。

（3）创新要素与科技型企业成长梯队高质量发展。

乡村振兴背景下，随着乡村产业振兴战略的推进，创新要素在城乡涉农企业之间双向自由流动成为可能。现有研究表明，企业发展质量在产业经济层面主要通过科技创新能力、企业发展速度和农业产业化程度来反映，如果一个科技型企业科技创新能力越强、发展速度越快、农业产业化程度越大，则说明该企业发展质量较好，反之，则说明该企业发展质量较差。而科技型企业的科技创新能力、发展速度和农业产业化程度从根本上说取决于该企业拥有多少创新要素，企业拥有的创新要素（技术、人才、资金、管理、市场、信息）越多，在同行业中越具有比较优势，越有利于该企业增强自身的科技创新能力，加快自身发展速度，拓展自身农业产业化发展程度，即该企业发展质量越好；反之，企业拥有的创新要素（技术、人才、资金、管理、市场、信息）越少，在同行业中处于比较劣势，则越不利于该企业增强自身的科技创新能力，导致自身发展速度放缓、自身农业产业化发展程度较低，即企业发展质量较差。因此，从乡村产业振兴角度可以看出，科技型企业是涉农企业的领头羊和主力军，其发展质量直接影响乡村农业产业的高质量发展，进而影响乡村产业振兴进程。基于上述分析，提出如下研究假设。

H_3：创新要素在城乡科技产业之间的双向自由流动是提升城乡科技型企业成长梯队发展质量的充分条件，对科技型企业成长梯队的高质量发展具有正向、显著的直接影响。

（4）乡村产业振兴战略与科技型企业成长梯队高质量发展。

乡村产业振兴战略是习近平总书记提出的乡村"五个振兴"之一，是乡村振兴战略的重要组成部分和核心内容。"五个振兴"指乡村产业振兴、乡村人才振兴、乡村文化振兴、乡村生态振兴、乡村组织振兴，而乡村产业振兴则是实现乡村"五个振兴"的首要与关键。乡村经济学理论认为，企业大多选择在城市发展而较少选择到乡村发展，导致乡镇企业发展滞后，直接影响乡村农业产业的发展。究其原因，主要是创新要素未能在城乡农业产业之间实现双向自由流动，乡村振兴战略提出农民是乡村振兴的主体，企业要发挥带头作用，而科技型企业则是乡村产业振兴的领头羊和主力军。因此，从乡村产业振兴角度可以看出，科技型企业的发展质量直接关乎农业产业的转型升级和高质量发展，进而可以充分反映乡村产业振兴战略的实施进度。基于上述分析，提出如下研究假设。

H_{4a}：乡村产业振兴战略的实施是提升城乡科技型企业成长梯队发展质量的充分条件，对科技型企业成长梯队高质量发展具有正向、显著的直接影响。

H_{4b}：乡村产业振兴战略的实施是创新要素在城乡科技型企业之间双向自由流动的桥梁，既是创新要素在科技型企业成长梯队之间有效流动的结果，又是保证科技型企业成长梯队高质量发展的原因，发挥了中介作用。

（5）共享机制与科技型企业成长梯队高质量发展。

共享发展是"创新、协调、绿色、开放、共享"五大发展理念之一。共享经济理论认为，共享机制主要包括：技术共享机制、人才共享机制、信息共享机制、管理共享机制、利益共享机制和风险共担机制。乡村振兴背景下，乡村产业振兴战略的实施促进了技术、人才、资金、管理、市场、信息等创新要素在城乡涉农企业之间的双向自由流动，这为城乡涉农企业间共享机制的建立创造了可能，而科技型企业成长梯队发展质量的优劣主要取决于该企业的科技创新能力、发展速度和农业产业化程度。因此，从乡村产业振兴角度可以看出，城乡科技型企业之间是否建立了共享机制将直接关乎农业科技产业的高质量发展，进而影响科技型企业成长梯队的高质量发展。基于上述分析，提出如下研究假设。

H_{5a}：共享机制的建立是提升城乡科技型企业成长梯队发展质量的充分条件，对科技型企业成长梯队高质量发展具有正向、显著的直接影响。

H_{5b}：共享机制的建立是创新要素在城乡科技型企业之间双向自由流动的桥梁，既是创新要素在科技型企业之间有效流动的结果，又是提升科技型企业成长梯队发展质量的原因，发挥了中介作用。

7.1.1.2 理论模型构建

基于上述理论分析和研究假设，在相关经济学理论和已有研究成果的基础上，通过深入研究创新要素、乡村产业振兴战略、共享机制与科技型企业成长梯队高质量发展之间是否存在因果关系，选择从乡村产业振兴视角，运用结构方程模型，构建"创新要素、共享机制与科技型企业成长梯队高质量发展作用机理模型"作为本研究提出的一个新的理论分析框架，如图7-1所示。

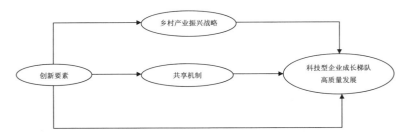

图7-1　创新要素、共享机制与科技型企业成长梯队高质量发展作用机理模型

7.1.2 研究设计

7.1.2.1 问卷设计

调查问卷量表设计中所使用的指标均为反应性指标，包括1个外生潜变量、2个中介变量、1个内生潜变量和16个观测变量。本研究涉及的所有观测变量的测量题项均采用李克特（Likert）5级量表设置，量表数据主要反映受访者主观判断的离散选择数据，量表中各观测变量的属性设计分别是"坚决同意""同意""既不同意也不反对""不同意"和"强烈反对"，尺度设计为1～5，最小值与最大值计为1和5，其中：5表示

"坚决同意"；4表示"同意"；3表示"既不同意也不反对"；2表示"不同意"；1表示"强烈反对"。1～5无大小之分，属于顺序尺度测量，依次表示每一个陈述句所描述的观测变量与实际情况相符合的程度。

7.1.2.2 变量设定与测量

基于调查问卷量表设定，本研究对研究变量进行了设定与测量，为构建结构方程实证模型提供理论依据。（1）创新要素的测量。依据经济学要素流动理论和技术创新理论，选择技术优势、人才优势、资金优势和管理优势作为测量创新要素的4个反应性指标。（2）乡村产业振兴战略的测量。依据农业经济学理论和产学研高质量发展理论，选择种养加产业化战略、产供销产业化战略、产学研一体化战略作为测量创新要素的3个反应性指标。（3）共享机制的测量。依据共享经济理论、微观经济学原理和企业管理理论，选择技术共享机制、人才共享机制、信息共享机制、管理共享机制、利益共享机制、风险共担机制作为测量共享机制的6个反应性指标。（4）科技型企业成长梯队发展质量的测量。依据技术创新理论、企业高质量发展理论和农业经济学理论，提炼出科技创新能力、企业发展速度和农业产业化程度作为测量科技型企业成长梯队发展质量的3个反应性指标。研究变量的设定与测量，详见表7-1。

表7-1　研究变量的设定与测量

潜变量名称	编码	观测变量（显变量）		序号	测量题目	变量赋值
		变量名称	编码			
创新要素	ξ_1	技术优势	x_1	1	技术优势能够显著提升科技型企业成长梯队发展质量	1=强烈反对；2=不同意；3=既不同意也不反对；4=同意；5=坚决同意
		人才优势	x_2	2	人才优势能够显著提升科技型企业成长梯队发展质量	
		资金优势	x_3	3	资金优势能够显著提升科技型企业成长梯队发展质量	
		管理优势	x_4	4	管理优势能够显著提升科技型企业成长梯队发展质量	
乡村产业振兴战略	η_1	种养加产业化战略	y_1	5	种养加产业化战略可以推动科技型企业成长梯队高质量发展	1=强烈反对；2=不同意；3=既不同意也不反对；4=同意；5=坚决同意
		产供销产业化战略	y_2	6	产供销产业化战略可以推动科技型企业成长梯队高质量发展	
		产学研一体化战略	y_3	7	产学研一体化战略可以推动科技型企业成长梯队高质量发展	

续表

潜变量			观测变量 （显变量）		测量题项		变量赋值
变量 名称	编 码		变量名称	编 码	序 号	题　目	
共享 机制	η_2		技术共享机制	y_4	8	技术共享机制有利于提升科技型企业成长梯队发展质量	1=强烈反对；2=不同意；3=既不同意也不反对；4=同意；5=坚决同意
			人才共享机制	y_5	9	人才共享机制有利于提升科技型企业成长梯队发展质量	
			信息共享机制	y_6	10	信息共享机制有利于提升科技型企业成长梯队发展质量	
			管理共享机制	y_7	11	管理共享机制有利于提升科技型企业成长梯队发展质量	
			利益共享机制	y_8	12	利益共享机制有利于提升科技型企业成长梯队发展质量	
			风险共担机制	y_9	13	风险共担机制有利于提升科技型企业成长梯队发展质量	

续表

潜变量 名称	编码	观测变量 （显变量）		序号	测量题目	变量赋值
		变量名称	编码			
科技型企业成长梯队发展质量	η_3	科技创新能力	y_{10}	14	科技创新能力是实现科技型企业成长梯队高质量发展的关键	1=强烈反对；2=不同意；3=既不同意也不反对；4=同意；5=坚决同意
		企业发展速度	y_{11}	15	企业发展速度是实现科技型企业成长梯队高质量发展的关键	
		科技产业化程度	y_{12}	16	科技产业化程度是实现科技型企业成长梯队质量发展的关键	

7.1.2.3 样本选择

本研究以科技型企业成长梯队高质量发展为研究对象，以科技型企业的主要负责人为调查对象。基于此，本研究采用分区域与分层相结合的随机抽样方法选取调查样本，按照我国行政区划选取西南地区4省（市）作为样本总体区域，包括四川、云南、贵州和重庆。为保证样本的合理性和代表性，以西南地区4省（市）的地市级以上所有科技型企业作为样本母体进行分区域与分层随机抽样。首先，从西南地区4省（市）中抽出样本单位大于等于15家科技型企业的地级市；其次，从抽中的每一个地级市中不放回随机抽出9家科技型企业，共抽取533家科技型企业。

7.1.2.4 数据收集

本研究主要采用实地访谈与问卷调查相结合的方式来获取样本数据，运用结构方程模型对"创新要素、共享机制与科技型企业成长梯队高质量发展作用机理模型"（图7-1）和"研究假设"进行实证检验。实证研究的基础数据来源于对西南地区4省（市）533家科技型企业进行的问卷调查。问卷调查的区域包括四川、重庆、云南、贵州4省（市）。调查方法是采用"一对一专访"方式，为保证样本企业的代表性，要求1个受访企业填写1~2份问卷，访谈和调查对象为各受访科技型企业的主要负责人，包括董事长、总经理、副总经理、市场部经理、技术部经理、财务部经理和人力资源管理部经理，整个调研共发放问卷561份，实际获得的有效问卷为533份，问卷有效率达到95.01%，数据来源具有较好的代表性。有效问卷的总量大于200份，符合结构方程模型实证检验的样本数要求。

7.1.2.5 结构方程模型设定

结构方程模型作为理论模型验证的分析工具，能够建立潜变量间的因果关系模型，探索和检验相关变量之间假设的因果关系。结构方程模型一般用线性方程系统表示，包含测量模型和结构模型。测量模型反映观测变量与潜变量之间的关系，各潜变量不可直接测量，可由观测变量定义，需要有从概念性变量转换到操作性变量的设计过程。结构模型发展了路径分析的优势，可以计算潜变量之间的直接效应，推导间接效应和总效应，表达中介作用，从而表示潜变量之间的因果关系和相关关系。

结构方程实证模型（SEM）一般由3个矩阵方程式组成，数学表达式如下：

$$\begin{cases} X = \wedge_x \xi + \delta & (7-1) \\ Y = \wedge_y \eta + \varepsilon & (7-2) \\ \eta = B\eta + \Gamma\xi + \zeta & (7-3) \end{cases}$$

式（7-1）表示外生观测变量的测量模型；式（7-2）表示内生观测变量的测量模型；式（7-3）表示内生潜变量（创新要素、乡村产业振兴战略、共享机制和科技型企业成长梯队发展质量）之间的结构模型；X 和 Y 分别表示外生观测变量矩阵

$(q \times 1)$ 和内生观测变量矩阵 $(p \times 1)$；ζ 表示外生潜变量，由一个外生潜变量矩阵 $(n \times 1)$ ξ_1 构成，ξ_1 为创新要素；η 表示内生潜变量，由 η_1、η_2 和 η_3 三个内生潜变量矩阵 $(m \times 1)$ 构成，其中，η_1 为乡村产业振兴战略，η_2 为共享机制，η_3 为科技型企业成长梯队发展质量；Λ_x 表示外生观测变量在外生潜变量上的因子载荷矩阵 $(q \times n)$；Λ_y 表示内生观测变量在内生潜变量上的因子载荷矩阵 $(p \times m)$；δ 表示外生观测变量的测量误差矩阵 $(q \times 1)$，ε 表示内生观测变量的测量误差矩阵 $(p \times 1)$；B 表示内生潜变量之间的路径系数矩阵 $(m \times m)$，Γ 表示外生潜变量对相应内生潜变量的路径系数矩阵 $(m \times n)$；ζ 表示内生潜变量的测量误差矩阵 $(p \times 1)$；p 是内生观测变量的数目，q 是外生观测变量的数目；m 是内生潜变量的个数，n 是外生潜变量的个数。

7.1.3 实证结果与分析

依据本研究构建的"创新要素、共享机制与科技型企业成长梯队高质量发展作用机理模型"（图7-1），运用结构方程模型，选择分区域与分层相结合的随机抽样调查等研究方法，采用西南地区4省（市）533家科技型企业的样本调查数据，对理论模型和研究假设进行实证检验，实证结果和假设检验结果如表7-2、表7-3及表7-4所示。

表7-2 结构方程模型整体适配度检验结果

评价指标	指标含义	指标统计量		评价标准	整体适配度评价
		初始模型	最终模型		
绝对适配度指数	χ^2 卡方值	298.606	267.750	越小越好	一般
	χ^2/df 卡方自由度比值	3.016	2.789	<3.00	良好
	RMR 残差均方根	0.030	0.029	<0.05	良好
	RMSEA 近似误差均方根	0.062	0.058	<0.08	良好
	GFI 拟合优度指数	0.935	0.943	>0.90	良好
	AGFI 调整的拟合优度指数	0.911	0.919	>0.90	良好
	CN 临界样本数	533	533	>200	理想
比较适配度指数	NFI 规范拟合指数	0.872	0.886	>0.90	一般
	IFI 增值拟合指数	0.911	0.923	>0.90	良好
	TLI 非规范拟合指数	0.891	0.903	>0.90	良好
	CFI 比较拟合指数	0.910	0.923	>0.90	良好
简约适配度指数	PGFI 简约拟合优度指数	0.681	0.666	>0.50	理想
	PNFI 简约规范拟合指数	0.720	0.708	>0.50	理想
	PCFI 简约比较拟合指数	0.751	0.738	>0.50	理想

表7-3 结构方程最终模型参数显著性检验结果

参数	非标准化参数				标准化参数估计值
	非标准化参数估计值	标准误 (S.E.)	临界比值 (C.R.)	显著性概率 (P)	
结构模型					
$\gamma_{11}(\xi_1 \rightarrow \eta_1)$	0.607***	0.075	8.151	0.000	0.519
$\gamma_{21}(\xi_1 \rightarrow \eta_2)$	0.743***	0.081	9.230	0.000	0.596
$\beta_{31}(\eta_1 \rightarrow \eta_3)$	0.341***	0.069	4.962	0.000	0.344
$\beta_{32}(\eta_2 \rightarrow \eta_3)$	0.263***	0.061	4.280	0.000	0.282
测量模型					
$\lambda_1(\xi_1 \rightarrow x_1)$	0.536***	0.035	15.498	0.000	0.684
$\lambda_2(\xi_1 \rightarrow x_2)$	0.419***	0.037	11.440	0.000	0.527
$\lambda_3(\xi_1 \rightarrow x_3)$	0.504***	0.035	14.339	0.000	0.640
$\lambda_4(\xi_1 \rightarrow x_4)$	0.560***	0.036	15.435	0.000	0.684
$\omega_1(\eta_1 \rightarrow y_1)$	0.317***	0.025	12.781	0.000	0.613
$\omega_2(\eta_1 \rightarrow y_2)$	0.502***	0.032	15.701	0.000	0.740

续表

参数	非标准化参数				标准化参数估计值
	非标准化参数估计值	标准误 ($S.E.$)	临界比值 ($C.R.$)	显著性概率 (P)	
$\omega_3(\eta_1 \rightarrow y_3)$	0.517***	0.034	15.432	0.000	0.760
$\omega_4(\eta_2 \rightarrow y_4)$	0.364***	0.030	12.325	0.000	0.567
$\omega_5(\eta_2 \rightarrow y_5)$	0.273***	0.026	10.575	0.000	0.495
$\omega_6(\eta_8 \rightarrow y_6)$	0.404***	0.029	13.897	0.000	0.649
$\omega_7(\eta_2 \rightarrow y_7)$	0.382***	0.031	12.423	0.000	0.584
$\omega_8(\eta_2 \rightarrow y_8)$	0.491***	0.030	16.581	0.000	0.805
$\omega_9(\eta_2 \rightarrow y_9)$	0.271***	0.025	10.936	0.000	0.518
$\omega_{10}(\eta_3 \rightarrow y_{10})$	0.290***	0.025	11.726	0.000	0.609
$\omega_{11}(\eta_3 \rightarrow y_{11})$	0.373***	0.030	12.528	0.000	0.709
$\omega_{12}(\eta_3 \rightarrow y_{12})$	0.262***	0.025	10.309	0.000	0.532
方差					
$\delta_1(e_1 \rightarrow x_1)$	0.327***	0.028	11.809	0.000	—
$\delta_2(e_2 \rightarrow x_2)$	0.458***	0.032	14.400	0.000	—

续表

参数	非标准化参数				标准化参数估计值
	非标准化参数估计值	标准误(S.E.)	临界比值(C.R.)	显著性概率(P)	
$\delta_3(e_3 \to x_3)$	0.367***	0.029	12.825	0.000	—
$\delta_4(e_4 \to x_4)$	0.358***	0.030	11.785	0.000	—
$\varepsilon_1(e_5 \to y_1)$	0.228***	0.017	13.340	0.000	—
$\varepsilon_2(e_6 \to y_2)$	0.286***	0.029	9.919	0.000	—
$\varepsilon_3(e_7 \to y_3)$	0.267***	0.029	9.204	0.000	—
$\varepsilon_4(e_8 \to y_4)$	0.434***	0.030	14.417	0.000	—
$\varepsilon_5(e_9 \to y_5)$	0.356 ***	0.024	15.094	0.000	—
$\varepsilon_6(e_{10} \to y_6)$	0.347***	0.025	13.667	0.000	—
$\varepsilon_7(e_{11} \to y_7)$	0.437***	0.031	14.037	0.000	—
$\varepsilon_8(e_{12} \to y_8)$	0.203 ***	0.022	9.240	0.000	—
$\varepsilon_9(e_{13} \to y_9)$	0.312***	0.021	14.979	0.000	—
$\varepsilon_{10}(e_{14} \to y_{10})$	0.192 ***	0.017	11.254	0.000	—

续表

参数	非标准化参数				标准化参数估计值
	非标准化参数估计值	标准误 (S.E.)	临界比值 (C.R.)	显著性概率 (P)	
$\varepsilon_{11}(e_{15}\to y_{11})$	0.185***	0.023	8.118	0.000	—
$\varepsilon_{12}(e_{16}\to y_{12})$	0.234***	0.018	13.147	0.000	—
协方差					
$e_6 <-> e_{14}$	0.046***	0.014	3.310	0.000	—
$e_1 <-> e_9$	0.036*	0.017	2.075	0.038	—
$e_{12} <-> e_{15}$	0.038**	0.013	2.907	0.004	—
$e_7 <-> e_{16}$	0.032*	0.014	2.227	0.026	—

注：***，**，*分别表示通过0.001，0.01，0.05显著性水平统计检验。

表7-4　研究假设检验结果

潜变量间的作用路径	对应假设	非标准化路径系数	临界比值（$C.R.$）	检验结果
$\xi_1 \rightarrow \eta_1$	H_1	0.607***	8.151	成立
$\xi_1 \rightarrow \eta_2$	H_2	0.743***	9.230	成立
$\xi_1 \rightarrow \eta_3$	H_3	−0.107	−0.991	不成立
$\eta_1 \rightarrow \eta_3$	H_{4a}	0.341***	4.962	成立
$\xi_1 \rightarrow \eta_1 \rightarrow \eta_3$	H_{4b}	0.607***→0.341***	8.151→4.962	成立
$\eta_2 \rightarrow \eta_3$	H_{5a}	0.263***	4.280	成立
$\xi_1 \rightarrow \eta_2 \rightarrow \eta_3$	H_{5b}	0.743***→0.263***	9.230→4.280	成立

注：***表示研究假设通过0.001显著性水平统计检验。

从结构方程模型参数显著性检验结果（表7-3）和研究假设检验结果（表7-4）可以看出：（1）$\xi_1 \rightarrow \eta_1$影响的路径系数为0.607，$C.R.$的绝对值为8.151＞3.28（临界值），说明这条路径通过$P＜0.001$显著性水平统计检验，且方向为正，表明创新要素对乡村产业振兴战略具有正向、显著的直接影响。因此，H_1成立。（2）$\xi_1 \rightarrow \eta_2$影响的路径系数为0.743，$C.R.=8.150＞3.28$，说明这条路径通过$P＜0.001$显著性水平统计检验，且方向为正，表明创新要素对科技型企业共享机制的建立具有正向、显著的直接影响。因此，H_2成立。（3）$\xi_1 \rightarrow \eta_3$影响的路径系数为−0.107，$C.R.$的绝对值等于0.991＜1.96（临界值），说明这条路径未通过$P＜0.05$显著性水平统计检验，且方向为负，表明创新要素对科技型企业的发展质量不具有正向、显著的直接影响。因此，H_3不成立。（4）$\eta_1 \rightarrow \eta_3$影响的路径系数为0.341，$C.R.$的绝对值为4.962＞3.28（临界值），说明这条路径通过$P＜0.001$显著性水平的统计检验，且方向为正，表明乡村产业振兴战略对科技型企业成长梯队发展质量具有正向、显著的直接影响。因此，H_{4a} 成立。（5）$\xi_1 \rightarrow \eta_1 \rightarrow \eta_3$ 路径的中介效应为 0.607×0.341=0.207，$C.R.$ 值分别为 8.151 和 4.962，均大于 3.28，说明 ξ_1 通过 η_1 间接影响 η_3，表明乡村产业振兴战略通过创新要素间接影响科技型企业成长梯队发展质量。因此，H_{4b} 成立。（6）$\eta_2 \rightarrow \eta_3$ 影响的路径系数为 0.263，$C.R.$=4.280＞3.28，说明这条路径通过 $P < 0.001$ 显著性水平统计检验，且方向为正，表明共享机制对科技型企业成长梯队发展质量具有正向、显著的直接影响。因此，H_{5a} 成立。（7）$\xi_1 \rightarrow \eta_2 \rightarrow \eta_3$ 路径的中介效应为 0.743×0.263=0.195，$C.R.$ 值分别为 9.230 和 4.280，均大于 3.28，说明共享机制的中介效应显著，表明共享机制在创新要素双向自由流动和提升科技型企业成长梯队发展质量之间发挥了中介作用。因此，H_{5b} 成立。

7.2 基于战略合作的科技型企业成长梯队高质量发展机制

7.2.1 理论分析与研究假设

7.2.1.1 优势资源对科技型企业成长梯队高质量发展的影响

优势资源是指产业创新系统中的关键资源要素，包括技术、人才、管理、信息等资源。当前，国内外学者尚未对科技型企业成长梯队高质量发展的概念作出清晰的界定，为弥补前人对科技型企业发展研究的不足，本研究参照贵州省科学技术厅2016年对科技型企业成长梯队的界定，把科技型企业划分为5个层次，第1层次：创新型领军企业培育企业；第2层次：科技型小巨人企业；第3层次：科技型小巨人成长企业；第4层次：科技型种子企业；第5层次：大学生创业企业。五个层次的科技型企业成长梯队形如金字塔，第5层次（大学生创业企业）位于塔底，第1层次（创新型领军企业培育企业）位于塔顶，第2～4层位于它们之间，梯队企业之间彼此相互联系，既存在相互竞争的关系，同时也存在相互合作的紧密依存关系，在内外部环境作用下，科技型企业成长梯队之间可以通过选择战略合作和建立协同机制实现高质量发展。已有的关于优势资源互补性的研究表明，企业资源要素协同收益显著大于创新资源各自收益之和，不同禀赋要素间互补能增强不同创新主体的合作创新能力，优势资源的协作互补作用于经济活动时所取得的收益，总是大于单独作用于经济活动时各自所得的收益相加。高质量发展作为创新行为在新的竞争形势下的进一步深化与适应变革，更加强调企业各主体优势资源和能力的互补。大数据和共享经济时代，信息和技术是企业的战略性资源，企业跨组织合作的动因是为了整合不同组织所拥有的互补性资源。基于上述分析，提出如下研究假设。

假设 H_1：优势资源可以在科技型企业成长梯队之间有效流动，实现梯队企业间创新要素的互补，对科技型企业成长梯队实现高质量发展具有正向、显著的直接影响。

7.2.1.2 优势资源对科技型企业成长梯队战略合作的影响

企业之间高质量发展形成的一个原因就是通过创新主体之间的战略合作，整合不同组织所拥有的互补性资源，获取不同优势资源来进行技术创新、产品创新和市场创新。科技型企业成长梯队间之所以愿意参与高质量发展，是因为通过优势资源的协同可以获取与共享合作方的稀缺资源，推动技术创新与产品创新的有机结合。优势资源对科技型梯队企业合作创新战略的实现具有重要的促进作用，甚至比研发能力更重要，因为研发能力难以直接转移，有时合作者更看重资源的互补和扩散效应。基于资源互补理论的研究认为，企业对合作战略的选择是企业依据自主创新能力与资源禀赋进行相机选择的结果，在这一战略选择过程中，不同层次梯队企业之间的优势资源会对本企业是否选择在科技产业系统内与梯队企业成员进行长期紧密深度合作的战略决策产生显著性影响。基于上述分析，提出如下研究假设。

假设 H_2：优势资源是科技型企业成长梯队选择战略合作的充分条件，对科技型企业成长梯队实现长期紧密的深度合作具有正向、显著的直接影响。

7.2.1.3 优势资源对科技型企业成长梯队协同机制的影响

协同机制有助于优势资源要素的充分整合，形成高效益的产出。机制构建是科技型企业成长梯队高质量发展的制度保障，协同机制构成一个引导系统，为科技型企业成长梯队高质量发展指明发展方向并提供持久动力。合理的优势资源流动机制，可以最大限度地促进不同层次科技型企业成长梯队之间实现高质量发展。在创新体内构建相应的资源共享机制，创造能带来竞争优势的资源共享方式，通过知识、技术、人才、资金、制度、产品、市场、信息、管理、成果等创新资源在高质量发展体内合作各方之间的调配、共享，使合作各方能以较低的交易成本获得大量有价值的创新资源，从而有效降低创新成本，提高创新效率。基于上述分析，提出如下研究假设。

假设 H_3：优势资源是科技型企业成长梯队建立协同机制的充分条件，对科技型企业成长梯队建立公平合理的协同机制具有正向、显著的直接影响。

7.2.1.4 协同机制的中介作用

协同机制主要包括激励机制、沟通机制、共享机制、利益机制、风险机制和文化机制。激励机制是科技型企业成长梯队实现高质量发展的重要动力；沟通机制是科技型企业成长梯队实现高质量发展的前提条件；共享机制是科技型企业成长梯队实现高质量发展的必要条件；利益机制是制约科技型企业成长梯队实现高质量发展的关键因素，也是影响优势资源在科技型企业成长梯队成员间双向流动的决定性因素；风险机制是科技型企业成长梯队高质量发展的保障，也是影响优势资源在科技型企业成长梯队成员间双向流动的重要因素；文化机制是制约科技型企业成长梯队实现高质量发展的内部因素，也是影响优势资源在科技型企业成长梯队成员间双向流动的中介环节。因此，新时代产业振兴背景下，协同机制既是优势资源在科技型企业成长梯队成员间双向流动的结果，又是科技型企业成长梯队实现高质量发展的关键影响因子，充当了优势资源有效流动对科技型企业成长梯队高质量发展的桥梁作用。基于上述分析，提出如下研究假设。

假设 H_{4a}：协同机制是科技型企业成长梯队实现高质量发展的充分条件，对科技型企业成长梯队高质量发展具有正向、显著的直接影响。

假设 H_{4b}：协同机制是优势资源在科技型企业成长梯队之间双向流动的桥梁，既是优势资源在科技型企业成长梯队间有效流动的结果，又是科技型企业成长梯队实现高质量发展的原因，发挥了中介作用。

7.2.1.5 战略合作的中介作用

新时代产业振兴背景下，科技型企业成长梯队成员间的合作即将由传统松散的项目合作上升为战略性的长期紧密合作。这种战略合作包含了科技型企业成长梯队成员在资源共享、利益分配和风险共担价值观和文化观方面的协同。科技型企业成长梯队成员之间优势资源的双向流动需要战略合作，而合作力度的大小决定了科技型企业成长梯队高质量发展的参与程度，同时也影响了优势资源在科技型企业成长梯队成员间有效流动的经济效益和社会效益。战略合作可以实现科技型企业成长梯队成员间在时间和空间上的高质量发展，科技型企业成长梯队成员之间可以通过建立战略性伙伴关系，在知识、技术、人才、资金、数据库、产品、市场、制度等创新环节实现优势互补，提升技术创新能力和市场竞争能力，加强科技成果转化和应用，强化社会服务功能，从而使科技产业创新链得以互补、拓展和延伸。基于上述分析，提出如下研究假设。

假设 H_{5a}：战略合作是科技型企业成长梯队建立协同机制的充分条件，对科技型企业成长梯队高质量发展具有正向、显著的直接影响。

假设 H_{5b}：战略合作对优势资源在科技型企业成长梯队之间双向流动的有效性和长远性具有中介作用。

基于上述理论分析和研究假设，本研究在已有研究成果的基础上，基于协同机制和战略合作的中介作用，构建"战略合作对科技型企业成长梯队高质量发展的影响机理模型"，如图7-2所示。

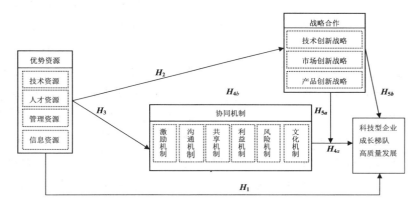

图7-2　战略合作对科技型企业成长梯队高质量发展的影响机理模型

7.2.2 样本选择与数据收集

7.2.2.1 样本选择

本研究依托贵州省科技计划项目"贵州省科技型企业成长梯队的发展环境与培育路径研究"（黔科合基础〔2017〕1509-2）来选择研究样本，以科技型企业成长梯队高质量发展为研究对象，以科技型成长梯队企业为调查对象，包括大学生创业企业、科技型种子企业、科技型小巨人成长企业、科技型小巨人企业、创新型领军企业培育企业。本研究采用分区域与分层相结合的随机抽样方法选取调查样本，按照我国行政区划选取西南地区 4 省（市）作为样本总体区域，包括四川、云南、贵州和重庆。为保证样本的合理性和代表性，参照贵州省科技厅 2016 年对科技型企业成长梯队的界定，按照科技型成长梯队 5 个层次样本企业各占 1/5 的平均抽样原则，以西南地区 4 省（市）的地市级以上所有科技型企业作为样本母体进行分区域与分层随机抽样。首先，从西南地区 4 省（市）中抽出样本单位，包括 5 个层次成长梯队企业且大于等于 15 家科技型企业的地级市；其次，从抽中的每一个地级市中不放回随机抽出 5 家科技型企业，抽中的样本企业包括 5 个层次科技型成长梯队企业各 1 家，即大学生创业企业、科技型种子企业、科技型小巨人成长企业、科技型小巨人企业、创新型领军企业培育企业各抽取 66 家企业，共抽取 330 家科技型企业。总体样本分布特征和科技型成长梯队企业样本特征的描述性统计详见表 7-5 和表 7-6。

表 7-5 总体样本分布特征的描述性统计

类别	区域	科技型企业数量/家	频数（样本数）/份	频率/%
地区分布	四川	105	105	31.82
	重庆	55	55	16.66
	云南	95	95	28.79
	贵州	75	75	22.73
合计	—	330	330	100

表7-6　科技型企业成长梯队样本特征的描述性统计

科技型企业成长梯队层次（级别）	区域	数量/家	频数（样本数)/份	频率/%
创新型领军企业培育企业（一层次）	四川	21	21	6.36
	重庆	11	11	3.33
	云南	19	19	5.76
	贵州	15	15	4.55
科技型小巨人企业（二层次）	四川	21	21	6.36
	重庆	11	11	3.33
	云南	19	19	5.76
	贵州	15	15	4.55
科技型小巨人成长企业（三层次）	四川	21	21	6.36
	重庆	11	11	3.33
	云南	19	19	5.76
	贵州	15	15	4.55
科技型种子企业（四层次）	四川	21	21	6.36
	重庆	11	11	3.33
	云南	19	19	5.76
	贵州	15	15	4.55
大学生创业企业（五层次）	四川	21	21	6.36
	重庆	11	11	3.33
	云南	19	19	5.76
	贵州	15	15	4.55
合计	—	330	330	100

7.2.2.2 数据收集

本研究主要采用实地访谈与问卷调查相结合的方式来获取样本数据，运用结构方程模型对"战略合作对科技型企业成长梯队高质量发展的影响机理模型"（图7-2）和"研究假设"进行实证检验。实证研究的基础数据来源于对西南地区4省（市）330家科技型成长梯队企业（大学生创业企业、科技型种子企业、科技型小巨人成长企业、科技型小巨人企业、创新型领军企业培育企业）进行的抽样问卷调查。问卷调查的区域包括四川、重庆、云南、贵州4省（市）。整个调研共发放问卷352份，实际获得的有效问卷为330份，为保证样本企业的代表性，要求1个受访企业填写1~2份问卷，访谈和调查对象为各受访科技型成长梯队企业的主要负责人，包括董事长、总经理、副总经理、市场部经理、技术部经理、财务部经理和人力资源管理部经理，问卷有效率达到93.75%，数据来源具有较好的代表性和真实性。有效问卷总量大于200份，符合结构方程模型实证检验的样本总体要求。

7.2.3 变量设定与测量

（1）优势资源的测量。根据Polgreen等人的理论观点提炼出技术资源、人才资源、管理资源和信息资源4个反应性指标。（2）战略合作的测量。参考何郁冰等人对创新战略的研究成果，提炼出技术创新战略、市场创新战略和产品创新战略3个反应性指标。（3）协同机制的测量。借鉴Yong等人对协同机制的界定，从激励机制、沟通机制、共享机制、利益机制、风险机制和文化机制6个方面来测量。（4）高质量发展的测量。依据高质量发展相关理论，选择用发展规模、发展速度和创新能力3个反应性指标对高质量发展程度进行测量。研究变量的设定与测量见表7-7。

表7-7　变量设定与测量

潜变量		观测变量（显变量）			测量题项	变量赋值
变量名称	编码	变量名称	编码	序号	题目	
优势资源	ξ_1	技术资源	x_1	1	技术资源优势影响科技型企业成长梯队实现高质量发展	
		人才资源	x_2	2	人才资源优势影响科技型企业成长梯队实现高质量发展	1=强烈反对；2=不同意 3=既不同意也不反对；4=同意 5=坚决同意
		管理资源	x_3	3	管理资源优势影响科技型企业成长梯队实现高质量发展	
		信息资源	x_4	4	信息资源优势影响科技型企业成长梯队实现高质量发展	
战略合作	η_1	技术创新战略	y_1	5	技术创新战略影响科技型企业成长梯队高质量发展进度	
		市场创新战略	y_2	6	市场创新战略影响科技型企业成长梯队高质量发展进度	1=强烈反对；2=不同意；3=既不同意也不反对；4=同意；5=坚决同意
		产品创新战略	y_3	7	产品创新战略影响科技型企业成长梯队高质量发展进度	

续表

潜变量		观测变量（显变量）			测量题项	变量赋值
变量名称	编码	变量名称	编码	序号	题目	
协同机制	η_2	激励机制	y_4	8	激励机制有利于科技型企业成长梯队实现高质量发展	
		沟通机制	y_5	9	沟通机制有利于科技型企业成长梯队实现高质量发展	
		共享机制	y_6	10	共享机制有利于科技型企业成长梯队实现高质量发展	1＝强烈反对；2＝不同意；3＝既不同意也不反对；4=同意；5=坚决同意
		利益机制	y_7	11	利益机制有利于科技型企业成长梯队实现高质量发展	
		风险机制	y_8	12	风险机制有利于科技型企业成长梯队实现高质量发展	
		文化机制	y_9	13	文化机制有利于科技型企业成长梯队实现高质量发展	
高质量发展程度	η_3	发展规模	y_{10}	14	发展规模对科技型企业成长梯队高质量发展非常重要	1＝强烈反对；2＝不同意；3＝既不同意也不反对；4=同意；5=坚决同意

续表

潜变量		观测变量 （显变量）			测量题项	变量赋值
变量 名称	编 码	变量名称	编 码	序 号	题目	
		发展速度	y_{11}	15	发展速度对科技型企 业成长梯队高质量发 展非常重要	
		创新能力	y_{12}	16	创新能力对科技型企 业成长梯队高质量发 展非常重要	

7.2.4 实证分析

7.2.4.1 结构方程模型设定

结构方程模型一般用线性方程组表示，包含测量模型和结构模型，测量模型反映观测变量与潜变量之间的关系，各潜变量不可直接测量，可由观测变量定义，需要有从概念性变量转换到操作性变量的设计过程。结构模型发展了路径分析的优势，可以计算潜变量之间的直接效应，推导间接效应和总效应，表达中介作用，从而表示潜变量之间的因果关系和相关关系。

结构方程实证模型（SEM）一般由 3 个矩阵方程式组成，数学表达式如下。

$$\begin{cases} X = \wedge_x \xi + \delta & (7-4) \\ Y = \wedge_y \eta + \varepsilon & (7-5) \\ \eta = B\eta + \Gamma\xi + \zeta & (7-6) \end{cases}$$

式（7-4）表示外生观测变量的测量模型；式（7-5）表示内生观测变量的测量模型；式（7-6）表示内生潜变量（战略合作、协同机制、高质量发展程度）之间的结构模型；X 和 Y 分别表示外生观测变量矩阵（$q \times 1$）和内生观测变量矩阵（$p \times 1$）；ζ 表示外生潜变量，由一个外生潜变量矩阵（$n \times 1$）ξ_1 构成，ξ_1 为优势资源；η 表示内生潜变量，由 η_1、η_2 和 η_3 三个内生潜变量矩阵（$m \times 1$）构成，其中：η_1 为战略合作，η_2 为协同机制，η_3 为高质量发展程度；Λ_x 表示外生观测变量在外生潜变量上的因子载荷矩阵（$q \times n$）；Λ_y 表示内生观测变量在内生潜变量上的因子载荷矩阵（$p \times m$）；δ 表示外生观测变量的测量误差矩阵（$q \times 1$），ε 表示内生观测变量的测量误差矩阵（$p \times 1$）；B 表示内生潜变量之间的路径系数矩阵（$m \times m$），Γ 表示外生潜变量对相应内生潜变量的路径系数矩阵（$m \times n$）；ζ 表示内生潜变量的测量误差矩阵（$p \times 1$）；p 是内生观测变量的数目，q 是外生观测变量的数目；m 是内生潜变量的个数，n 是外生潜变量的个数。

7.2.4.2 实证结果与假设检验

依据本研究构建的"战略合作对科技型企业成长梯队高质量发展的影响机理模型"（图7-2），运用结构方程模型，选择分区域与分层相结合的随机抽样调查等研究方法，采用西南地区4省（市）330家科技型企业成长梯队（大学生创业企业、科技型种子企业、科技型小巨人成长企业、科技型小巨人企业、创新型领军企业培育企业）的问卷调查数据，对理论模型和研究假设进行实证检验，实证结果和假设检验结果如表7-8及表7-9所示。

表7-8　结构方程模型参数显著性检验结果

参数	非标准化参数				标准化参数估计值
	非标准化参数估计值	标准误（S.E.）	临界比值（C.R.）	显著性概率（P）	
结构模型					
$\gamma_{11}(\xi_1\rightarrow\eta_1)$	0.569***	0.074	7.671	0.000	0.495
$\gamma_{21}(\xi_1\rightarrow\eta_2)$	0.619***	0.074	8.389	0.000	0.526
$\beta_{31}(\eta_1\rightarrow\eta_3)$	0.315***	0.070	4.484	0.000	0.317
$\beta_{32}(\eta_2\rightarrow\eta_3)$	0.284***	0.066	4.287	0.000	0.293
测量模型					
$\lambda_1(\xi_1\rightarrow x_1)$	0.431***	0.031	13.914	0.000	0.626
$\lambda_2(\xi_1\rightarrow x_2)$	0.580***	0.034	17.154	0.000	0.748
$\lambda_3(\xi_1\rightarrow x_3)$	0.532***	0.034	15.463	0.000	0.684
$\lambda_4(\xi_1\rightarrow x_4)$	0.445***	0.033	13.408	0.000	0.614
$\omega_1(\eta_1\rightarrow y_1)$	0.331***	0.025	13.108	0.000	0.632
$\omega_2(\eta_1\rightarrow y_2)$	0.491***	0.033	14.760	0.000	0.716
$\omega_3(\eta_1\rightarrow y_3)$	0.525***	0.035	15.124	0.000	0.760
$\omega_4(\eta_2\rightarrow y_4)$	0.362***	0.032	11.197	0.000	0.530
$\omega_5(\eta_2\rightarrow y_5)$	0.299***	0.027	10.908	0.000	0.517
$\omega_6(\eta_2\rightarrow y6)$	0.428***	0.031	13.990	0.000	0.650
$\omega_7(\eta_2\rightarrow y_7)$	0.408***	0.032	12.631	0.000	0.589
$\omega_8(\eta_2\rightarrow y_8)$	0.521***	0.031	16.839	0.000	0.808
$\omega_9(\eta_2\rightarrow y_9)$	0.281***	0.027	10.610	0.000	0.505
$\omega_{10}(\eta_3\rightarrow y_{10})$	0.286***	0.026	11.183	0.000	0.595
$\omega_{11}(\eta_3\rightarrow y_{11})$	0.375***	0.031	12.071	0.000	0.709
$\omega_{12}(\eta_3\rightarrow y_{12})$	0.261***	0.026	9.858	0.000	0.528

续表

参数	非标准化参数				标准化参数估计值
	非标准化参数估计值	标准误（S.E.）	临界比值（C.R.）	显著性概率（P）	
方差					
$\delta_1(e_1 \rightarrow x_1)$	0.288***	0.022	13.134	0.000	—
$\delta_2(e_2 \rightarrow x_2)$	0.265***	0.026	10.296	0.000	—
$\delta_3(e_3 \rightarrow x_3)$	0.322***	0.027	12.050	0.000	—
$\delta_4(e_4 \rightarrow x_4)$	0.327***	0.025	13.096	0.000	—
$\varepsilon_1(e_5 \rightarrow y_1)$	0.218***	0.017	12.508	0.000	—
$\varepsilon_2(e_6 \rightarrow y_2)$	0.304***	0.029	10.477	0.000	—
$\varepsilon_3(e_7 \rightarrow y_3)$	0.268***	0.030	8.964	0.000	—
$\varepsilon_4(e_8 \rightarrow y_4)$	0.464***	0.032	14.366	0.000	—
$\varepsilon_5(e_9 \rightarrow y_5)$	0.337***	0.023	14.553	0.000	—
$\varepsilon_6(e_{10} \rightarrow y_6)$	0.345***	0.026	13.219	0.000	—
$\varepsilon_7(e_{11} \rightarrow y_7)$	0.434***	0.032	13.347	0.000	—
$\varepsilon_8(e_{12} \rightarrow y_8)$	0.201***	0.023	8.682	0.000	—
$\varepsilon_9(e_{13} \rightarrow y_9)$	0.319***	0.022	14.628	0.000	—
$\varepsilon_{10}(e_{14} \rightarrow y_{10})$	0.196***	0.017	11.213	0.000	—
$\varepsilon_{11}(e_{15} \rightarrow y_{11})$	0.182***	0.023	7.821	0.000	—
$\varepsilon_{12}(e_{16} \rightarrow y_{12})$	0.231***	0.018	12.844	0.000	—
协方差					
$e_6 <-> e_{14}$	0.044**	0.014	3.070	0.002	—
$e_4 <-> e_{11}$	0.051**	0.019	2.612	0.009	—
$e_{15} <-> e_{12}$	0.033*	0.013	2.446	0.014	—

注：***、**、*分别表示参数通过0.001、0.01、0.05显著性水平统计检验。

表7-9　研究假设检验结果

潜变量间的作用路径	对应假设	非标准化路径系数	临界比值（C.R.）	检验结果
$\xi_1 \rightarrow \eta_3$	H_1	−0.158	−1.597	不成立
$\xi_1 \rightarrow \eta_1$	H_2	0.569***	7.671	成立
$\xi_1 \rightarrow \eta_2$	H_3	0.619***	8.389	成立
$\eta_2 \rightarrow \eta_3$	H_{4a}	0.284***	4.287	成立
$\xi_1 \rightarrow \eta_2 \rightarrow \eta_3$	H_{4b}	0.619***→0.284***	8.389→4.287	成立
$\eta_1 \rightarrow \eta_3$	H_{5a}	0.315***	4.484	成立
$\xi_1 \rightarrow \eta_1 \rightarrow \eta_3$	H_{5b}	0.569***→0.315***	7.671→4.484	成立

注：***表示研究假设通过0.001显著性水平的统计检验。

从结构方程模型参数显著性检验结果（表7-8）和研究假设检验结果（表7-9）可以看出：（1）$\xi_1 \rightarrow \eta_3$影响的路径系数为−0.158，C.R.的绝对值为1.597，<1.96（临界值），说明这条路径未通过$P<0.05$显著性水平统计检验，且方向为负，表明优势资源对科技型企业成长梯队高质量发展的直接影响不显著，但具有间接影响，存在中介变量的影响，两者不属于因果关系变量，因此，H_1不成立；（2）$\xi_1 \rightarrow \eta_1$影响的路径系数为0.569，$C.R.=7.671>3.28$，$\xi_1 \rightarrow \eta_2$影响的路径系数为0.619，$C.R.=8.389>3.28$，说明这两条路径均通过$P<0.001$显著性水平统计检验，且方向为正，表明优势资源是科技型企业成长梯队选择战略合作和建立协同机制的充分条件，对科技型企业成长梯队实现长期紧密的深度合作和建立公平合理的协同机制均具有正向显著的直接影响，因此，H_2和H_3成立；（3）$\eta_2 \rightarrow \eta_3$影响的路径系数为0.284，$C.R.=4.287>3.28$，说明这条路径通过$P<0.001$显著性水平统计检验，且方向为正，表明协同机制是

137

科技型企业成长梯队实现高质量发展的充分条件，对科技型企业成长梯队高质量发展具有正向显著的直接影响，因此，H_4a 成立；（4）$\xi_1 \rightarrow \eta_2 \rightarrow \eta_3$ 路径的中介效应为 0.619×0.284=0.176，$C.R.$ 值分别为 8.389 和 4.287，均大于 3.28，说明 ξ_1 通过 η_2 间接影响 η_3，表明协同机制是优势资源在科技型企业成长梯队之间双向流动的桥梁，既是优势资源在科技型企业成长梯队间有效流动的结果，又是科技型企业成长梯队实现高质量发展的原因，发挥了中介作用，因此，H_{4b} 成立；（5）$\eta_1 \rightarrow \eta_3$ 影响的路径系数为 0.315，$C.R.=4.484 > 3.28$，说明这条路径通过 $P < 0.001$ 显著性水平统计检验，且方向为正，表明战略合作是科技型企业成长梯队建立协同机制的充分条件，对科技型企业成长梯队高质量发展具有正向显著的直接影响，因此 H_{5a} 成立；（6）$\xi_1 \rightarrow \eta_1 \rightarrow \eta_3$ 路径的中介效应为 0.569×0.315=0.179，$C.R.$ 值分别为 7.671 和 4.484，均大于 3.28，说明 ξ_1 通过 η_1 间接影响 η_3，表明战略合作对优势资源在科技型企业成长梯队之间双向流动的有效性和长远性具有中介作用，因此，H_{5b} 成立。

7.3 基于优势资源互补的科技型企业成长梯队高质量发展机制

7.3.1 理论分析与研究假设

7.3.1.1 优势创新资源互补与科技型企业成长梯队高质量发展

经济学家彭罗斯认为，企业的优势资源是指可以综合反映企业强弱的内部创新资源和外部创新资源之和，是企业选择和实施其发展战略的基础，主要包括信息资源、技术资源、人力资源、行业资源、产业资源和市场资源，其中，信息资源、技术资源、人力资源属于企业内部创新资源，产业资源、市场资源、行业资源属于企业外部创新资源。基于资源互补研究的现有文献认为，企业是由资源构成的，企业所拥有的异质性资源是企业竞争优势的来源，是造成企业间业绩差异的主要因素。创新资源作为企业的战略性资源，在不断加剧的竞争环境中，有利于提高企业竞争地位，促进企业发展。优势资源互补是影响企业自主创新的关键性因素，企业不仅要考虑内部资源互补，也要考虑外部资源互补。企业在初创期和成长期，产业链之间的技术关联或市场关联，能够在不同关联企业之间实现技术资源或市场资源的互补。优势资源互补模式是指维持企业正常运行需要的多种不同资源，合作创新具有协同优势，可以降低交易成本，由于同一产业的梯队企业成员间都有自己的优势和专长，在资源互为补充条件下就可以实现深度的紧密合作，从而实现梯队企业的高质量发展。企业高质量发展产生的竞争优势主要是通过梯队企业间的优势资源互补来实现规模经济和范围经济。梯队企业间的高质量发展过程实际上是不同企业之间的资源共享与资源互补相互融合、协调发展的动态过程。如果所有梯队企业都能够提供具有优势的互补性创新资源，协同成长的可能性将会极大地提高。这不仅取决于梯队企业的资源是否具有比较优势，更取决于梯队企业的创新资源是否能够高度互补。如果梯队企业之间的优势创新资源彼此可以互补，那么，梯队企业通过资源互补所创造的价值就会超过单个企业的资源禀赋所创造的价值，资源联合的竞争优势就会产生，这也正是梯队企业为什么要选择高质量发展的原因。基于上述分析，提出如下假设。

假设1：梯队企业拥有的优势创新资源的互补性对科技型企业成长梯队高质量发展的参与意愿具有正向、显著的直接影响。

依据经济学家彭罗斯对企业优势资源的界定，假设1可以进一步细分为下列3个具体假设。

H_{1a}：梯队企业拥有的内部创新资源之间的互补程度对科技型企业成长梯队高质量发展的参与意愿具有正向、显著的直接影响。

H_{1b}：梯队企业拥有的外部创新资源之间的互补程度对科技型企业成长梯队高质量发展的参与意愿具有正向、显著的直接影响。

H_{1c}：梯队企业拥有的内外部创新资源之间的互补程度对科技型企业成长梯队高质量发展的参与意愿具有正向、显著的直接影响。

7.3.1.2 外部创新环境与科技型企业成长梯队高质量发展

优势创新资源互补是影响科技型企业成长梯队实现高质量发展的关键，但高质量发展也必然受到外部创新环境的影响。经济学家彭罗斯认为，企业的外部创新环境可以促进企业市场需求量的增加和技术创新能力的提升，从而推动企业扩大生产经营规模，实现规模经济。企业外部创新环境主要包括政策环境、产业环境和金融环境。已有关于创新环境与企业高质量发展关系的研究表明，政策环境、产业环境和金融环境好的企业参与高质量发展的外部创新环境，是企业进行技术创新、产品创新和市场创新的保障。良好的外部创新环境有利于企业增加研发投入，扩大生产经营规模，提升技术创新能力和产品创新能力，增强市场竞争优势，从而促进科技型企业成长梯队实现规模经济和范围经济。基于上述分析，提出如下假设。

假设2：外部创新环境对科技型企业成长梯队高质量发展的参与意愿具有调节作用。

依据经济学家彭罗斯对企业外部创新环境的界定，假设2可以进一步细分为下列3个具体假设。

H_{2a}：政策环境对科技型企业成长梯队高质量发展的参与意愿具有调节作用。

H_{2b}：产业环境对科技型企业成长梯队高质量发展的参与意愿具有调节作用。

H_{2c}：金融环境对科技型企业成长梯队高质量发展的参与意愿具有调节作用。

上述理论分析表明：科技型企业成长梯队高质量发展的实现会受到优势创新资源和外部创新环境两个维度的共同影响。依据上述提出的6个研究假设，基于优势创新资源互补和外部创新环境的调节作用，本研究尝试构建"基于优势资源互补的科技型企业成长梯队高质量发展作用机理模型"，如图7-3所示。

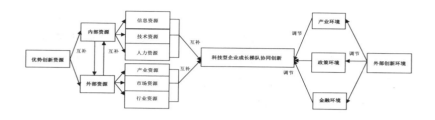

图7-3　基于优势资源互补的科技型企业成长梯队高质量发展作用机理模型

7.3.2 研究设计

7.3.2.1 指标选择与指标定义

依据理论模型（图7-3）涉及的关键研究变量，本研究运用层次分析法，选择科技型企业成长梯队高质量发展意愿作为因变量，选择理论模型的其他研究变量作为自变量，基于上述理论分析，对理论模型涉及的自变量作进一步细分，对不同自变量进行可操作化定义。（1）选择信息资源、技术资源和人力资源作为测量科技型企业成长梯队内部创新资源的3个形成性指标；（2）选择产业资源、市场资源和行业资源作为测量科技型企业成长梯队外部创新资源的3个形成性指标；（3）选择政策环境、产业环境和金融环境作为测量高质量发展环境的3个形成性指标。基于此，本研究共选择1个因变量指标、3个二级影响因素指标和9个三级影响因素指标，详细指标选择及指标定义见表7-10。

表7-10　指标选择与指标定义

目标层	因素层		指标定义
	二级指标	三级指标	
科技型企业成长梯队高质量发展	内部创新资源	信息资源	企业拥有的与科研、生产、经营有关的文件、资料、图表和数据的数量
		技术资源	企业拥有的与科研、生产、经营有关的软件、设备与工具的数量
		人力资源	企业拥有的具有硕士学位以上的科技人员的数量
	外部创新资源	产业资源	企业在产业内拥有的核心竞争资源的影响力
		市场资源	企业的市场营销网络影响力
		行业资源	企业在科研、生产、经营、技术服务等领域拥有的自有资源的影响力
	协同创新环境	政策环境	国家和地方对企业科技创新的支持力度
		产业环境	企业竞争的性质和企业在产业中所能获得的潜在利润
		金融环境	金融机构对科技型企业科技创新的贷款支持力度

7.3.2.2 变量设定与赋值

依据指标选择与指标定义（表7-10），结合实证研究数据分析对变量的要求，本研究进一步对变量进行设定和赋值测量，详见表7-11。

表7-11　变量设定与赋值测量

变量类型	变量名称		变量符号	变 量 测 量
因变量	科技型企业成长梯队高质量发展意愿		Y	不愿意=0;愿意=1
自 变 量	内部创新资源	信息资源	X_1	非常稀少=1;稀少=2;一般=3;丰富=4;非常丰富=5
		技术资源	X_2	1项=0;1~5项=2;6~15项=3;16~50项=4;大于51项=5
		人力资源	X_3	硕士及以上人才为0人=1;硕士及以上人才为1~5人=2;硕士及以上人才为6~10人=3;硕士及以上人才为11~15人=4;硕士及以上人才15人以上=5
	外部创新资源	产业资源	X_4	核心资源产业影响力非常小=1;核心资源产业影响力较小=2;核心资源产业影响力一般=3;核心资源产业影响力较大=4;核心资源产业影响力非常大=5
		市场资源	X_5	市场营销网络影响力非常小=1;市场营销网络影响较小=2;市场营销网络影响力一般=3;市场营销网络影响力较大=4;市场营销网络影响力非常大=5
		行业资源	X_6	自有资源行业影响力非常小=1;自有资源行业影响力较小=2;自有资源行业影响力一般=3;自有资源行业影响力较大=4;自有资源行业影响力非常大=5
	高质量发展环境	政策环境	X_7	政策支持力度小=0;政策支持力度大=1
		产业环境	X_8	产业内潜在利润小=0;产业内潜在利润大=1
		金融环境	X_9	金融贷款支持力度小=0;金融贷款支持力度大=1

7.3.2.3 问卷设计

结合研究目标，综合考虑科技型企业成长梯队企业数据收集的可操作性，为保证调查问卷的信度和效度，本章调查问卷的设计采用问题项设计，题型主要为单选题，问题主要依据三级指标进行设计，各题目选项主要依据三级指标定义进行设计，测试题目共设置2~5个选项，包括表9个三级指标和33个选项，二元选择问题选项设计为A~B（二选一），多元选择问题选项设计为A~E（五选一）。就因变量和自变量的问题设计而言，因变量围绕科技型企业成长梯队协同创新的意愿进行设计，共设置1个问题，2个选项，设计为二分类变量。自变量分别设计为定量变量、定类变量和定序变量，定量变量的选项主要依据实际值进行设计，各数值既表示顺序，也有大小之分，尺度大小设计为1~5，最小值与最大值计为1和5，测量指标为技术资源和人力资源；定类变量设计为二分类变量，尺度大小设计为1~2，最小值与最大值计为1和2，各数值没有大小之分，测量指标为政策环境、产业环境和金融环境；定序变量设计为有序变量，尺度大小设计为1~5，最小值与最大值计为1和5，各数值仅表示顺序，没有大小之分，测量指标为信息资源、产业资源、市场资源和行业资源。基于此，本章调查问卷设计的所有问题项均为客观选择题，总体上有利于受试者作答和提高统计结果的可信度。

7.3.2.4 数据收集

本章运用分层抽样的方法收集调查样本，采用实地访谈与问卷调查相结合的方式来获取样本数据，实证研究的基础数据来源于对贵州省281家入选科技型成长梯队企业进行的问卷调查和抽样调查。分层抽样调查的区域包括贵阳市、铜仁市和黔东南苗族侗族自治州。调查方法采用"一对一专访"方式，访谈和调查对象为各受访科技型成长梯队企业的主要负责人、部门经理和专业技术人员。整个调研共发放问卷295份，实际获得的有效问卷为281份，问卷有效率达到95.25%，数据来源具有较好的代表性。有效问卷的总量大于200份，符合二元Logistic模型对样本数量的计量要求。

7.3.3 实证分析

7.3.3.1 计量模型构建

由于线性回归模型适用于因变量是连续变量的一元回归模型或多元回归模型，当因变量是分类变量而非连续变量时，线性回归模型不再适用，而二元Logistic回归模型是一种适用于因变量是二分类变量且因变量不属于连续变量的回归模型。

假设因变量 y_k^* 和自变量 x_k 之间存在一种线性关系，由Logistic分布的数学原理可知，Logistic回归的初始模型如下：

$$y_k^* = \alpha + \beta x_k + \varepsilon_k \tag{7-7}$$

（7-7）式中，y_k^* 为观测现象的内在趋势，其不能被测量，ε_k 是误差项，并且服从Logistic分布。因此，Logistic回归模型的一般表达式为：

$$p_k = P\left(y_k = \frac{1}{x_k}\right) = \frac{e^{\alpha + \beta x_k}}{1 + e^{\alpha + \beta x_k}} \tag{7-8}$$

（7-8）式中，p_k 为第 k 个自变量发生的概率，x_k 是自变量，α 是回归截距，β 为回归系数。

依据（7-8）式可得，事件发生的概率与事件不发生的概率之比为：

$$\frac{p_k}{1 - p_k} = \mathrm{e}^{\alpha + \beta x_k} \qquad (7-9)$$

对（7-9）式进行自然对数变换，得

$$\mathrm{Ln}\left(\frac{p_k}{1 - p_k}\right) = \alpha + \beta x_k \qquad (7-10)$$

（7-10）式中，p_k 为第 k 个自变量发生的概率，它是由一个解释变量 x_k 构成的非线性函数。

当 $k=n$ 时，因变量 $y=1$ 时，x_n 发生的概率为 p；$y=0$ 时，x_n 不发生的概率为 $1-p$。

（7-10）式等价于

$$\mathrm{Ln}\left(\frac{p}{1-p}\right) = \alpha + \beta_1 x_1 + \beta_2 x_2 + \cdots + \beta_n x_n \qquad (7-11)$$

（7-11）式即因变量 $y=0$ 和 $y=1$，自变量 $x=n$ 的二元离散型 Logistic 回归模型。

基于变量设定与赋值（表6-9），本研究的因变量科技型企业成长梯队高质量发展意愿为二分类变量，自变量属于间隔尺度变量、名义尺度变量和顺序尺度变量，适用于二元 Logistic 回归模型。因此，本研究选择二元 Logistic 计量模型作为实证模型，对"基于优势资源互补的科技型企业成长梯队高质量发展作用机理"（图7-3）进行实证研究。

依据理论模型和研究假设，建立基于优势资源互补的科技型企业成长梯队高质量发展作用机理的二元 Logistic 模型，依据二元 Logistic 模型基本原理，本研究构建的二元 Logistic 数理模型的表达式如下：

$$\text{Ln}\left(\frac{p}{1-p}\right) = \alpha + \beta_1 x_1 + \beta_2 x_2 + \cdots + \beta_9 x_9 \tag{7-12}$$

模型等价于

$$p_k = p(y \leqslant j/x_k) = \frac{e^{\alpha + \beta_1 x_1 + \beta_2 x_2 + \cdots + \beta_n x_n}}{1 + e^{\alpha + \beta_1 x_1 + \beta_2 x_2 + \cdots + \beta_n x_n}} \tag{7-13}$$

式（7-11）和（7-13）中，$j=1$，表示高质量发展的 2 个类别，分别用 0 和 1 表示；y 为因变量，表示科技型企业成长梯队高质量发展意愿，其中：0=不愿意，1=愿意；$k=1$，2，3……n，表示自变量的个数，其中：$n=9$；x_k 为影响科技型企业成长梯队高质量发展意愿的第 k 个自变量，其中：x_1 表示信息资源，x_2 表示技术资源，x_3 表示人力资源，x_4 表示产业资源，x_5 表示市场资源，x_6 表示行业资源，x_7 表示政策环境，x_8 表示产业环境，x_9 表示金融环境；α 为因变量在不同类别的截距参数，β_n 为第 n 个自变量的回归系数，表示自变量对因变量的影响方向和影响程度，$p(y \leqslant j)$ 表示因变量属于科技型企业成长梯队高质量发展意愿第 j 个类别的概率，$p(y \leqslant j/x_k)$ 表示第 k 个自变量 x 对因变量 y 产生影响的条件概率。

7.3.3.2 变量描述性统计

因变量的描述性统计见表7-12。自变量的描述性统计与预期作用方向见表7-13。

表7-12　因变量描述性统计

变量名称	变量赋值	样本数	百分比/%	有效百分比/%	累积百分比/%
	Y=0	116	41.28	41.28	41.28
科技型企业成长梯队高质量发展意愿	Y=1	165	58.72	58.72	100.0
	合计	281	100.0	100.0	—

表7-13　自变量描述性统计与预期作用方向

变量名称	变量符号	最小值	最大值	均值	标准差	预期作用方向
信息资源	X_1	1	5	3.23	1.714	＋
技术资源	X_2	1	5	3.20	1.817	＋
人力资源	X_3	1	5	3.19	1.739	＋
产业资源	X_4	1	5	3.21	1.680	＋
市场资源	X_5	1	5	3.19	1.450	＋
行业资源	X_6	1	5	3.16	1.570	＋
政策环境	X_7	0	1	0.41	0.493	＋
产业环境	X_8	0	1	0.40	0.490	＋
金融环境	X_9	0	1	0.42	0.494	＋

7.3.3.3 基于优势资源互补的实证分析

本研究的实证研究目标之一是：基于理论模型（图7-3），深入考察在外部创新环境保持不变的前提条件下，优势创新资源互补对科技型企业成长梯队高质量发展的影响。为此，本研究选择测量外部创新环境的3个自变量（x_7、x_8、x_9）作为控制变量，选择测量优势创新资源（企业内部创新资源和企业外部创新资源）的6个自变量（x_1、x_2、x_3、x_4、x_5、x_6）作为基础变量，实证分析优势创新资源互补对科技型企业成长梯队高质量发展的影响方向和影响程度。

（1）初始模型参数估计结果与分析。

运用 SPSS 17.0 统计软件，选择二元 Logistic 回归，采用 Enter（进入法），把理论模型（图 7-3）左边测量优势创新资源的 6 个自变量（x_1、x_2、x_3、x_4、x_5、x_6）一次全部代入本研究构建的二元 Logistic 回归模型（数理模型 7），初始模型的参数估计结果如表 7-14 所示。

表 7-14　基于优势资源互补的二元 Logistic 初始模型参数估计结果

变量名称	变量符号	系数值	标准误	Wald值	P值
信息资源	X_1	0.457	543.744	0.000	0.999
技术资源	X_2	86.358	1 685.375	0.003	0.959
人力资源	X_3	9.449	626.523	0.000	0.988
产业资源	X_4	51.106	1 203.418	0.002	0.966
市场资源	X_5	81.872	598 763.182	0.000	1.000
行业资源	X_6	−51.550	598 761.600	0.000	1.000
截距	α	−493.582	9 225.545	0.003	0.957

初始模型的 Hosmer 和 Lemeshow 检验结果表明：（1）初始模型的 Chi-square 值为 0.000，显著性概率 $P=1.000>0.05$，表明初始模型未通过 Hosmer 和 Lemeshow 检验；（2）解释变量 x_1、x_2、x_3、x_4、x_5、x_6 和截距项 α 均未通过 5% 显著性水平统计检验，且 x_6 和 α 的方向为负，标准误差均较大，表明自变量优势创新资源对因变量科技型企业成长梯队高质量发展意愿影响不显著。因此，初始模型不是本研究求解的理想模型，非常有必要对初始模型进行修正。

（2）修正模型参数估计结果与分析。

基于初始模型6个自变量与因变量的作用关系，选择测量外部创新环境的3个自变量（x_7、x_8、x_9）为控制变量，运用SPSS 17.0统计软件，选择二元Logistic回归，采用逐步回归法把理论模型（图7-3）左边测量优势创新资源的6个自变量（x_1、x_2、x_3、x_4、x_5、x_6）逐一代入本研究构建的二元Logistic回归模型（数理模型7），可以得出3个比较理想的修正模型（模型Ⅰ、模型Ⅱ、模型Ⅲ），修正模型的参数估计结果如表7-15所示。

表7-15　基于优势资源互补的二元Logistic修正模型参数估计结果

变量名称	变量符号	模型Ⅰ		模型Ⅱ		模型Ⅲ	
		系数值	P值	系数值	P值	系数值	P值
信息资源	X_1	—	—	—	—	—	—
技术资源	X_2	2.700***	0.001	2.364***	0.004	2.173***	0.000
人力资源	X_3	1.296***	0.003	1.579***	0.009	1.502***	0.000
产业资源	X_4	1.130***	0.006	—	—	—	—
市场资源	X_5	—	—	1.649***	0.003	—	—
行业资源	X_6	—	—	—	—	—	—
截距	α	-14.482***	0.000	-16.106***	0.000	-10.553***	0.000

注：***表示变量通过1%显著性水平统计检验。

基于优势资源互补的二元Logistic修正模型Ⅰ的参数估计结果表明：（1）信息资源（X_1）、市场资源（X_5）和行业资源（X_6）均未通过5%显著性水平统计检验，说明信息资源、市场资源和行业资源的互补性较差，对科技型企业成长梯队高质量发展意愿的互补性影响不显著，即信息资源、市场资源和行业资源在科技型企业成长梯队之间不能同时实现优势创新资源的互补效应；（2）技术资源（X_2）、人力资源（X_3）和产业资源（X_4）均通过1%显著性水平统计检验，说明技术资源、人力资源和产业资源对科技型企业成长梯队高质量发展意愿的互补性影响非常显著，即技术资源、人力资源和产业资源在科技型企业成长梯队之间可以同时实现优势创新资源的互补效应，是科技型企业成长梯队参与高质量发展的主要影响因素。

基于优势资源互补的二元Logistic修正模型Ⅱ的参数估计结果表明：（1）信息资源（X_1）、产业资源（X_4）和行业资源（X_6）均未通过5%显著性水平的统计检验，说明信息资源、产业资源和行业资源的互补性较差，对科技型企业成长梯队高质量发展意愿的互补性影响不显著，即信息资源、产业资源和行业资源在科技型企业成长梯队之间不能同时实现优势创新资源的互补效应；（2）技术资源（X_2）、人力资源（X_3）和市场资源（X_5）均通过1%显著性水平统计检验，说明技术资源、人力资源和市场资源的互补性较好，对科技型企业成长梯队高质量发展意愿的互补性影响较显著，即技术资源、人力资源和市场资源在科技型企业成长梯队之间可以同时实现优势创新资源的互补效应，是科技型企业成长梯队参与高质量发展的重要影响因素。

基于优势资源互补的二元Logistic修正模型Ⅲ的参数估计结果表明：（1）信息资源（X_1）、产业资源（X_4）、市场资源（X_5）和行业资源（X_6）均未通过5%显著性水平统计检验，说明信息资源、产业资源、市场资源和行业资源的互补性较差，对科技型企业成长梯队高质量发展意愿的互补性影响不显著，即信息资源、产业资源、市场资源和行业资源在科技型企业成长梯队之间不能同时实现优势创新资源的互补效应；（2）技术资源（X_2）和人力资源（X_3）均通过 1% 显著性水平统计检验，说明技术资源和人力资源对科技型企业成长梯队高质量发展意愿的互补性影响最显著，即技术资源和人力资源在科技型企业成长梯队之间可以同时实现优势创新资源的最优互补效应，是科技型企业成长梯队参与高质量发展的关键影响因素。

7.3.3.4 基于外部创新环境调节作用的实证分析

本研究的实证研究目标之二是：基于理论模型（图 7-3），深入考察在优势创新资源互补的前提条件下，外部创新环境对科技型企业成长梯队高质量发展的调节作用。为此，本研究选择测量优势创新资源（企业内部创新资源和企业外部创新资源）的 6 个自变量（x_1、x_2、x_3、x_4、x_5、x_6）作为基础变量，选择测量外部创新环境的 3 个自变量（x_7、x_8、x_9）作为调节变量，深入研究外部创新环境对科技型成长梯队高质量发展的调节作用。

运用 SPSS 17.0 统计软件，选择二元 Logistic 回归，采用 Enter（进入法），把理论模型（图 7-3）左边测量优势创新资源的 6 个反应性指标（x_1、x_2、x_3、x_4、x_5、x_6）作为因素变量，把右边测量外部创新环境的 3 个反应性指标即政策环境（x_7）、产业环境（x_8）和金融环境（x_9）作为调节变量，逐一代入本研究构建的二元 Logistic 回归模型（数理模型 7），得到初始模型，然后采用逐步回归法，得到 3 个修正模型（模型 I、模型 II、模型 III）。基于外部创新环境调节作用的二元 Logistic 初始模型和修正模型的参数估计结果，如表 7-16、表 7-17 和表 7-18 所示。

表7-16　基于政策环境调节作用的二元Logistic模型参数估计结果

变量名称	变量符号	初始模型		修正模型 模型I		修正模型 模型II		修正模型 模型III	
		系数值	P值	系数值	P值	系数值	P值	系数值	P值
信息资源	X_1	-7.128	0.998	—	—	—	—	—	—
技术资源	X_2	40.581	0.983	3.369**	0.034	1.996***	0.000	—	—
人力资源	X_3	-6.327	0.998	1.624*	0.089	—	—	1.892***	0.000
产业资源	X_4	46.348	0.991	1.598**	0.048	—	—	—	—
市场资源	X_5	60.732	0.998	—	—	1.848***	0.002	3.158***	0.001
行业资源	X_6	-35.247	0.999	—	—	—	—	—	—
政策环境	X_7	37.308	0.995	4.002**	0.020	3.351***	0.004	5.540***	0.003
截距	α	-315.984	0.974	-20.296**	0.026	-12.247***	0.000	-18.165***	0.000

注：***、**、*分别表示变量通过1%、5%、10%显著性水平统计检验。

表7-17 基于产业环境调节作用的二元 Logistic 模型参数估计结果

变量名称	变量符号	初始模型		修正模型					
				模型Ⅰ		模型Ⅱ		模型Ⅲ	
		系数值	P值	系数值	P值	系数值	P值	系数值	P值
信息资源	X_1	-7.352	0.996	—	—	—	—	—	—
技术资源	X_2	40.482	0.978	3.380**	0.032	2.154***	0.000	—	—
人力资源	X_3	-6.628	0.998	1.629*	0.087	—	—	1.826***	0.000
产业资源	X_4	46.727	0.987	1.603**	0.047	—	—	—	—
市场资源	X_5	60.562	0.998	—	—	1.925***	0.002	2.808***	0.000
行业资源	X_6	-34.864	0.999	—	—	—	—	—	—
产业环境	X_8	37.861	0.992	4.008**	0.020	3.172***	0.007	4.453***	0.001
截距	α	-316.486	0.973	-20.360**	0.025	-12.799	0.000	-16.563***	0.000

注：***、**、*分别表示变量通过1%、5%、10%显著性水平统计检验。

155

表7-18 基于金融环境调节作用的二元Logistic模型参数估计结果

变量名称	变量符号	初始模型 系数值	初始模型 P值	修正模型 模型Ⅰ 系数值	修正模型 模型Ⅰ P值	修正模型 模型Ⅱ 系数值	修正模型 模型Ⅱ P值	修正模型 模型Ⅲ 系数值	修正模型 模型Ⅲ P值
信息资源	X_1	-7.448	0.996	—	—	—	—	—	—
技术资源	X_2	40.477	0.977	3.390**	0.030	2.210***	0.000	—	—
人力资源	X_3	-6.757	0.997	1.636*	0.083	—	—	2.094***	0.000
产业资源	X_4	46.919	0.986	1.607**	0.045	—	—	—	—
市场资源	X_5	60.451	0.998	—	—	1.991***	0.001	3.380***	0.001
行业资源	X_6	-34.647	0.999	—	—	—	—	—	—
金融环境	X_9	38.109	0.991	4.015**	0.020	3.117***	0.008	5.647***	0.005
截距	α	316.944	0.973	-20.418**	0.024	-13.050***	0.000	-19.575***	0.000

注：***、**、*分别表示变量通过1%、5%、10%显著性水平统计检验。

基于外部创新环境调节作用的二元 Logistic 初始模型的参数估计结果表明：信息资源（X_1）、技术资源（X_2）、人力资源（X_3）、产业资源（X_4）、市场资源（X_5）、行业资源（X_6）与政策环境（X_7）、产业环境（X_8）和金融环境（X_9）均存在多重共线性，且存在多个变量系数值（X_1、X_3、X_6）为负的情况，导致初始模型未通过 Hosmer 和 Lemeshow 检验，表明外部创新环境对科技型企业成长梯队高质量发展意愿的调节作用不显著。

基于外部创新环境调节作用的 3 个二元 Logistic 修正模型 I 的参数估计结果均表明：（1）信息资源（X_1）、市场资源（X_5）和行业资源（X_6）均未通过 5% 显著性水平统计检验，说明政策环境、产业环境和金融环境对信息资源、市场资源和行业资源的协同互补性调节作用均较差，因而对科技型企业成长梯队高质量发展意愿的调节作用不显著，即政策环境、产业环境和金融环境均不能同时调节信息资源、市场资源和行业资源从而实现优势创新资源在科技型企业成长梯队之间的互补效应；（2）技术资源（X_2）、人力资源（X_3）、产业资源（X_4）与政策环境（X_7）、产业环境（X_8）和金融环境（X_9）三者之间均通过 1% 显著性水平统计检验，说明政策环境、产业环境和金融环境对技术资源、人力资源和产业资源的协同互补性均具有较好的调节作用，因而对科技型企业成长梯队高质量发展意愿的调节作用均较显著，即政策环境、产业环境和金融环境均可以同时调节技术资源、人力资源和产业资源，实现优势创新资源在科技型企业成长梯队之间的互补效应。

基于外部创新环境调节作用的3个二元 Logistic 修正模型 II 的参数估计结果表明：（1）信息资源（X_1）、人力资源（X_3）、产业资源（X_4）和行业资源（X_6）均未通过5%显著性水平统计检验，说明政策环境、产业环境和金融环境均对信息资源、人力资源、产业资源和行业资源的协同互补性调节作用较差，因而对科技型企业成长梯队高质量发展意愿的调节作用不显著，即政策环境、产业环境和金融环境均不能同时调节信息资源、人力资源、产业资源和行业资源从而实现优势创新资源在科技型企业成长梯队之间的互补效应；（2）技术资源（X_2）、市场资源（X_5）与政策环境（X_7）、产业环境（X_8）和金融环境（X_9）三者之间均通过1%显著性水平统计检验，说明政策环境、产业环境和金融环境对技术资源和市场资源的协同互补性均具有较好的调节作用，因而对科技型企业成长梯队高质量发展意愿的调节作用均较为显著，即政策环境、产业环境和金融环境均可以同时调节技术资源和市场资源，实现优势创新资源在科技型企业成长梯队之间的互补效应。

基于外部创新环境调节作用的3个二元 Logistic 修正模型 III 的参数估计结果表明：（1）信息资源（X_1）、技术资源（X_2）、产业资源（X_4）和行业资源（X_6）均未通过5%显著性水平统计检验，说明政策环境、产业环境和金融环境对信息资源、技术资源、产业资源和行业资源的协同互补性调节作用均较差，因而对科技型企业成长梯队高质量发展意愿的调节作用均不显著，即政策环境、产业环境和金融环境不能同时调节信息资源、技术资源、产业资源和行业资源，从而实现优势创新资源在科技型企业成长梯队之间的互补效应；（2）人力资源（X_3）、市场资源（X_5）与政策环境（X_7）、产业环境（X_8）和金融环境（X_9）三者之间均通过1%显著性水平统计检验，说明政策环境、产业环境和金融环境对人力资源和市场资源的协同互补性均具有较好的调节作用，因而对科技型企业成长梯队高质量发展意愿的调节作用均较为显著，即政策环境、产业环境和金融环境均可以同时调节人力资源和市场资源，实现优势创新资源在科技型企业成长梯队之间的互补效应。

7.4 基于产业振兴的科技型企业成长梯队高质量发展机制

7.4.1 科技型企业成长梯队高质量发展的内部影响机理

7.4.1.1 企业家创新精神对科技型企业成长梯队高质量发展的影响

企业家这一概念最早是由法国经济学家理查德·坎蒂隆在1800年提出的，他认为企业家是指把经济资源的效率从低提到高，而企业家精神则是一种特殊的无形生产要素。经济学家熊彼特指出企业家精神的真谛就是创新。现代管理学之父德鲁克在《创新与企业家精神》一书中也同样指出企业家精神的核心就是创新。企业家精神是创新实践的精神，诚信是企业家精神的基石，敬业是企业家精神的动力，合作是企业家精神的精华。创新是企业家的主要特征。从德鲁克的观点可以看出，企业家的创新精神主要体现在五个方面：（1）产品创新；（2）技术创新；（3）管理模式创新；（4）生产方法创新；（5）市场创新。科技型企业大多是提供产品和技术服务的企业，要想在产业振兴中实现可持续发展，则要看企业老总是否具有企业家的创新精神，是否能够从产品、技术、管理模式、生产方法及市场开拓等方面探寻新的发展方向。由此可以提出如下假设。

假设1：产业振兴战略背景下，科技型企业成长梯队高质量发展与企业家创新精神紧密相关，企业家创新精神是科技型企业成长梯队高质量发展一个重要的内部因素，对科技型企业成长梯队高质量发展有显著影响。

7.4.1.2 管理运行机制对科技型企业成长梯队高质量发展的影响

管理运行机制是指管理系统的结构及其运行机理，是以客观规律为依据，以组织结构为基础，由若干子机制有机组合而成，本质上是管理系统的内在联系、功能及运行原理，是决定管理功效的核心。管理运行机制主要包括动力机制、约束机制、激励机制、培训机制和晋升机制。管理机制是否健全和有效运作对企业的发展而言至关重要，在一定程度上决定了该企业的发展规模、速度和内部发展环境的提升。科技型企业大多是提供产品和技术服务的企业，要想在产业振兴中实现可持续发展，则要看该企业是否具有健全的管理运行机制，是否在企业内部建立了动力机制、约束机制、激励机制、培训机制和晋升机制，这些子机制之间是否相互联系、相互促进，共同作用于管理机制。由此可以提出如下假设。

假设 2：产业振兴战略背景下，科技型企业成长梯队高质量发展与管理运行机制紧密相关，企业管理机制的健全与否与运行效率是科技型企业成长梯队高质量发展的一个重要内部因素，对科技型企业成长梯队高质量发展有显著影响。

7.4.1.3 科技创新能力对科技型企业成长梯队高质量发展的影响

科技型企业的高质量发展表现为不是追求速度而是追求质量，不是规模扩张而是结构优化，不是要素驱动而是创新驱动，实现科技创新是科技型企业成长梯队高质量发展的核心要素。科技创新是原创性科学研究和技术创新的总称，包含知识创新、技术创新和现代科技引领的管理创新。企业科技创新能力是指企业在某一科学技术领域具备发明创新的综合能力，包括人才、资金、科技、知识、制度、研发经验、科研设备和经济实力等创新要素。科技型企业大多是提供产品和技术服务的企业，要想在产业振兴中实现可持续发展，则要看该企业是否具有较强的科技创新能力，是否具有较多的创新要素。科技型企业在产业振兴过程中拥有的创新要素越多则表明该企业的科技创新能力越强。由此可以提出如下假设。

假设 3：产业振兴战略背景下，科技型企业成长梯队高质量发展与该企业的科技创新能力紧密相关，科技创新能力是科技型企业成长梯队高质量发展的一个重要内部因素，对科技型企业成长梯队高质量发展有显著影响。

7.4.2 科技型企业成长梯队高质量发展的外部影响机理

7.4.2.1 政策环境对科技型企业成长梯队高质量发展的影响

政策环境是指决定或影响政策制定和实施的自然环境和社会环境的总和，是影响政策产生、存在和发展的一切与之相关的综合因素。乡村产业振兴背景下，政策环境是指为了给涉农企业打造一个良好的成长空间，创造一个公平的市场环境，政府部门、党委机关出台的相关政策法规。其目的是对科技型企业的设立和其他生产经营活动进行宏观管理，对科技型企业进行保护和约束。完善的政策法律环境可以为科技型企业提供一个有利的外部生产环境，健全的法律体系可以为科技型企业的一系列经营活动进行规范和引导，建立知识产权保护方面的政策法规及对科技型企业进行政策扶持，有利于科技型企业的健康成长。由此可以提出如下假设。

假设4：产业振兴战略背景下，科技型企业成长梯队高质量发展与政策环境紧密相关，政策环境是科技型企业成长梯队高质量发展的一个重要外部因素，对科技型企业成长梯队高质量发展有显著影响。

7.4.2.2 产业环境对科技型企业成长梯队高质量发展的影响

产业环境是指对处于同一产业内的企业及与该产业存在业务和合作关系的关联企业都会产生影响的环境因素，主要包括产业竞争力及其潜在利润和产业内企业的行业地位。科技型企业大多是提供科技产品和技术服务的企业，要想在产业振兴中实现可持续发展，则要看该企业在城乡产业融合中的战略地位及其对乡村产业振兴的拉动效应。科技型企业在城乡产业融合过程中的战略地位越显著，产业竞争力越强，则表明拥有较好的产业环境。由此可以提出如下假设。

假设5：产业振兴战略背景下，科技型企业成长梯队高质量发展与该企业所处的产业环境紧密相关，产业环境是科技型企业成长梯队高质量发展的一个重要外部因素，对科技型企业成长梯队高质量发展有显著影响。

7.4.2.3 社会文化环境对科技型企业成长梯队高质量发展的影响

社会文化环境是指社会公认的各种行为规范形成和变动的环境，包括企业所处的社会结构、人口规模、文化传统、社会风俗、价值观念。任何企业都处于一定的社会文化环境中，企业的生产经营活动在一定程度上受到所处社会文化环境的影响和制约。科技型企业大多是提供科技产品和科技咨询服务的企业，要想在乡村产业振兴中实现可持续发展，则要看该企业与乡村社会文化环境的融合程度，科技型企业在乡村产业振兴过程中与当地的社会文化融入得越好越接地气，文化竞争力越强，则表明该企业拥有较好的社会文化环境。由此可以提出如下假设。

假设6：产业振兴战略背景下，科技型企业成长梯队高质量发展与该企业所处的社会文化环境紧密相关，社会文化环境是科技型企业成长梯队高质量发展的一个重要外部因素，对科技型企业成长梯队高质量发展有显著影响。

上述分析表明：产业振兴战略背景下，科技型企业成长梯队高质量发展受到企业内部因素和外部环境因素的共同影响。

基于提出的6个研究假设，本研究尝试构建"产业振兴下科技型企业成长梯队高质量发展机理模型"，如图7-4所示。

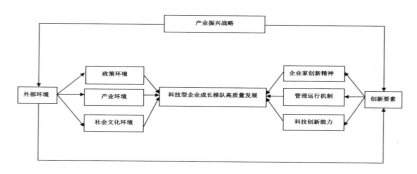

图7-4　产业振兴下科技型企业成长梯队高质量发展机理模型

7.4.3 变量选择与指标体系构建

依据理论模型（图7-4）涉及的关键研究变量，本研究把企业高质量发展界定为企业发展质量的水平层次，企业发展质量水平越高表明该企业处于高质量发展阶段，反之，企业发展质量水平越低表明该企业处于低质量发展阶段。因此，本研究选择科技型企业成长梯队发展质量作为因变量对科技型企业成长梯队高质量发展进行测量，选择理论模型的其他研究变量作为自变量。（1）选择创新要素和外部环境作为一级指标；（2）选择企业家创新精神、管理运行机制和科技创新能力作为测量创新要素的3个二级反应性指标；（3）选择政策环境、产业环境和社会文化环境作为测量外部环境的3个二级反映性指标。

基于上述理论分析，对理论模型涉及的自变量进行进一步细分，结合科技型企业的特点，对不同二级指标进行变量可操作化测量。（1）选择产品创新能力、技术创新能力和市场创新能力作为测量二级指标企业家创新精神的3个三级形成性指标；（2）选择动力机制效果、约束机制效果、激励机制效果作为测量二级指标管理运行机制的3个三级形成性指标；（3）选择创新性人才占比、研发资金占比和科研综合实力排名作为测量二级指标科技创新能力的3个三级形成性指标；（4）选择公平的市场环境政策、知识产权保护政策、贷款支持政策作为测量二级指标政策环境的3个三级形成性指标；（5）选择产业竞争力、产业潜在利润、产业创新战略作为测量二级指标产业环境的3个三级形成性指标；（6）选择人口规模、文化传统、诚信价值观念作为测量社会文化环境的3个三级形成性指标。基于此，本研究共选择1个因变量指标、6个二级影响因素指标和18个三级影响因素指标，详细变量指标见表7-19。

表7-19　变量选择与指标体系

被解释变量	解释变量		
	一级指标	二级指标	三级指标
科技型企业发展质量	创新要素	企业家创新精神	产品创新能力
			技术创新能力
			市场创新能力
		管理运行机制	动力机制效果
			约束机制效果
			激励机制效果
		科技创新能力	创新性人才占比
			研发资金占比
			科研综合实力排名

续表

被解释变量	解释变量		
	一级指标	二级指标	三级指标
	外部环境	政策环境	公平的市场环境政策 知识产权保护政策 贷款支持政策
		产业环境	产业竞争力 产业潜在利润 产业创新战略
		社会文化环境	人口规模 文化传统 诚信价值观念

7.4.4 样本选择与描述性统计

7.4.4.1 样本选择

本研究采用分区域与分层相结合的随机抽样方法选取调查样本,按照我国行政区划选取西南地区4省(市)作为样本总体区域,包括四川、云南、贵州和重庆。为保证样本的合理性和代表性,以西南地区4省(市)的地市级以上所有科技型企业作为样本母体进行分区域与分层随机抽样。首先,从西南地区4省(市)中抽出样本单位大于等于30家科技型企业的地级市;其次,从抽中的每一个地级市中抽出注册资本在1 000万元以上的科技型企业;再次,从抽中的1 000万元以上的科技型企业中,按照地理分布特征,在每个省(市)随机抽出5~9个县(区);最后,从抽中的每个县(区)随机抽取符合设定条件的15~20个样本企业,样本分布范围较广,具有较好的代表性。

7.4.4.2 样本特征描述性统计

依据上述抽样方法和有序 Logistic 计量模型对样本数的要

求，由于有序 logistic 计量模型能解释的自变量个数与样本量有关，而本研究共选择了 18 个自变量，实证模型须要较大的样本量，因此，本研究在西南地区共抽取了 30 个县（区），在抽取的样本县（区），对各县（区）至少选择 15 家科技型企业进行问卷调查和专家访谈，共抽取 533 家科技型企业，总体样本分布特征和调查样本特征的描述性统计见表 7-20 和表 7-21。

表 7-20　总体样本分布特征的描述性统计

类别	区域	科技型企业数量/家	频数（样本数）/份	频率/%
地区分布	四川	216	216	40.52
	重庆	90	90	16.89
	云南	92	92	17.26
	贵州	135	135	25.33
合计	—	533	533	100

表 7-21　调查样本特征的描述性统计

类别	企业概况	科技型企业数/家	频数（样本数）/份	频率/%
成立年限	1~5 年	226	226	42.40
	6~10 年	180	180	33.77
	11~15 年	63	63	11.82
	16~20 年	39	39	7.32
	21 年以上	25	25	4.69
企业性质	国有企业	15	15	2.81
	民营企业	518	518	97.19
企业规模	注册资本 1 000 万~3 000 万元	309	309	57.97
	注册资本 3 000 万~1 亿元	203	203	38.09
	注册资本 1 亿元以上	21	21	3.94

续表

类别	企业概况	科技型企业数/家	频数（样本数)/份	频率/%
经营范围	生产、经营结合型	326	326	61.16
	科技服务型	139	139	26.08
	研发与生产结合型	68	68	12.76

7.4.5 数据收集

本研究采用实地访谈与问卷调查相结合的方式来获取样本数据，实证研究的基础数据来源于对西南地区4省（市）533家科技型企业进行的问卷调查。问卷调查的区域包括四川、重庆、云南、贵州4省（市）。调查方法是采用"一对一专访"方式，为保证样本企业的代表性，要求1个受访企业填写1~2份问卷，访谈和调查对象为各受访科技型企业的主要负责人，包括董事长、总经理、副总经理。整个调研共发放问卷561份，实际获得的有效问卷为533份，问卷有效率达到95.01%，数据来源具有较好的代表性。有效问卷的总量大于500份，符合有序Logistic计量模型对样本数量的要求。

7.4.6 实证分析

7.4.6.1 变量设定与赋值

依据变量选择与指标体系（表7-19），结合实证研究数据分析对变量的要求，本研究进一步对研究变量进行定义和赋值，变量设定与赋值详见表7-22。

表7-22　变量设定与赋值

变量类型	变量名称		变量符号	变量定义
被解释变量	科技型企业成长梯队发展质量		Y	1=发展质量差;2=发展质量一般;3=发展质量好
解释变量	企业家创新精神	产品创新能力	X_1	1=非常弱;2=较弱;3=一般;4=较强;5=非常强
		技术创新能力	X_2	1=非常弱;2=较弱;3=一般;4=较强;5=非常强
		市场创新能力	X_3	1=非常弱;2=较弱;3=一般;4=较强;5=非常强
	管理运行机制	动力机制效果	X_4	1=非常差;2=较差;3=一般;4=较好;5=非常好
		约束机制效果	X_5	1=非常差;2=较差;3=一般;4=较好;5=非常好
		激励机制效果	X_6	1=非常差;2=较差;3=一般;4=较好;5=非常好
	科技创新能力要素	创新性人才占比	X_7	1=5%以下;2=6%~15%;3=16%~25%;4=26%~35%;5=36%以上
		研发资金占比	X_8	1=5%以下;2=6%~10%;3=11%~15%;4=16%~20%;5=21%以上
		科研综合实力排名	X_9	1=前90%;2=前61%~89%;3=前31%~59%;4=前11%~30%;5=前10%

续表

变量类型	变量名称		变量符号	变量定义
外部环境	政策环境	公平的市场环境政策	X_{10}	0=不公平;1=公平
		知识产权保护政策	X_{11}	0=不合理;1=合理
		贷款支持政策	X_{12}	0=力度小;1=力度大
	产业环境	产业竞争力	X_{13}	0=比较劣势;1=比较优势
		产业潜在利润	X_{14}	0=利润小;1=利润大
		产业创新战略	X_{15}	0=没有参与创新;1=已经参与创新
	社会文化环境	人口规模	X_{16}	0=人口密集度小;1=人口密集度大
		文化传统	X_{17}	0=没有传承;1=一直在传承
		诚信价值观念	X_{18}	0=淡泊;1=浓厚

170

7.4.6.2 计量模型构建

（1）初始模型设定。基于变量设定与赋值（表 7-22），本研究的被解释变量科技型企业成长梯队发展质量为定序分类变量，属于有序三分类变量，自变量不属于间隔尺度变量，不适用于二元 Logistic 计量模型和多分类 Logistic 计量模型。因此，本研究选择有序 Logistic 计量模型作为实证模型，对"产业振兴下科技型企业成长梯队高质量发展机理"（图 7-4）进行实证研究。有序 Logistic 计量模型的基本原理表明：对于被解释变量为有序变量，包括定序分类变量，可以通过拟合 $(i-1)$ 个 Logistic 回归模型，成为有序 Logistic 回归模型，其中，i 表示被解释变量的个数，如果令 $i=3$，则说明被解释变量的取值为 1、2、3，相应取值水平的概率可以设定为 π_1、π_2、π_3。对 m 个解释变量 X 拟合两个模型如下：

$$
\begin{cases}
Logit \dfrac{\pi_1}{1-\pi_1} = Logit \dfrac{\pi_1}{\pi_2+\pi_3} \\
\qquad = -\alpha_1 + \beta_1 X_1 + \beta_2 X_2 + \cdots\cdots + \beta_m X_m \quad (7-14) \\
Logit \dfrac{\pi_1+\pi_2}{\pi_3} = Logit \dfrac{\pi_1+\pi_2}{\pi_3} \\
\qquad = -\alpha_2 + \beta_1 X_1 + \beta_2 X_2 \cdots\cdots + \beta_m X_m \quad (7-15)
\end{cases}
$$

（7-14）和（7-15）两个模型表明：与传统的二元 Logistic 回归模型相比，三分类有序 Logistic 回归模型进行变换的分别为 π_1、$\pi_1+\pi_2$，即因变量有序水平的累积概率。由此可见，当 i =3 时，有序 Logistic 回归模型实际上是依次将因变量按照不同取值水平细分为两个等级，对这两个等级建立因变量的二元

Logistic 计量模型。

因为本研究被解释变量科技型企业成长梯队发展质量的取值为：$Y=1$，$Y=2$，$Y=3$，即被解释变量的个数$=3$，解释变量 $X=1$，2，……，18，假设被解释变量 Y 相应水平的概率为 γ_1、γ_2、γ_3，符合有序 Logistic 计量模型的建模要求，依据有序 Logistic 计量模型的基本原理和本研究设定的研究变量，本研究构建的有序 Logistic 初始模型如下：

$$
\begin{cases}
Logit \dfrac{\gamma_1}{1-\gamma_1} = Logit \dfrac{\gamma_1}{\gamma_2+\gamma_3} \\
\qquad\qquad = -\alpha_1 + \beta_1 X_1 + \beta_2 X_2 + \cdots\cdots + \beta_{18} X_{18} \qquad (7-16) \\
Logit \dfrac{\gamma_1+\gamma_2}{\gamma_3} = Logit \dfrac{\gamma_1+\gamma_2}{\gamma_3} \\
\qquad\qquad = -\alpha_2 + \beta_1 X_1 + \beta_2 X_2 \cdots\cdots + \beta_{18} X_{18} \qquad (7-17)
\end{cases}
$$

上述模型表明：$\dfrac{\gamma_1}{1-\gamma_1}$ 和 $\dfrac{\gamma_1+\gamma_2}{\gamma_3}$ 分别是被解释变量，科技型企业成长梯队发展质量的取值为：$Y=1$，$Y=2$，$Y=3$，为 3 个不同发展质量水平的概率比，X_1，X_2……X_{18} 为本研究设定的 18 个解释变量，β_1，β_2，……，β_{18}，表示反映 18 个解释变量与被解释变量 Y 之间出现概率比的回归系数，α_1、α_2 表示常数项。

（2）模型修正。运用 SPSS 17.0 统计软件，录入 533 份有效样本数据，选择有序 Logistic 回归，采用 Enter（进入法）把所有变量一次全部代入本研究设定的有序 Logistic 初始模型，检验结果显示：拟合优度卡方值为 665.132，显著性概率为

1.000，远远大于 5% 的显著性水平，且发现多个自变量不显著，表明初始模型拟合效果不理想且存在多重共线性，因此，必须对有序 Logistic 初始模型进行修正，可以采用逐步回归法删除一些不显著变量，但逐步回归法容易删除一些重要的关键变量，为此，本研究采用主成分分析法进一步筛选研究变量。基于变量选择与指标体系（表 7-19），本研究设定的三级指标均为各二级指标的反应性指标，可以采用探索性因子分析法，对各二级指标所属的三级指标分别作主成分分析，提取关键变量。运用 SPSS 17.0 统计软件，对研究变量进行检验，各二级变量的 KMO 和 Bartlett's 球形检验表明，显著性概率为 0.000，均适合作因子分析，可以采用主成分法提取关键变量，依据各二级指标所属三级指标的主成分得分，本研究从各二级指标所属的 3 个三级指标中各提取得分最高的一个指标，共提取 6 个三级指标依次为市场创新能力（X_3）、激励机制效果（X_6）、研发资金占比（X_8）、贷款支持政策（X_{12}）、产业潜在利润（X_{14}）、诚信价值观念（X_{18}）。

（3）模型构建。依据主成分分析提取的 6 个三级指标和上述设定的有序 Logistic 初始模型，本研究构建的有序 Logistic 最终模型如下：

$$\begin{cases} Logit\ \dfrac{\gamma_1}{1-\gamma_1} = Logit\ \dfrac{\gamma_1}{\gamma_2+\gamma_3} \\ \qquad = -\alpha_1 + \beta_3 X_3 + \beta_6 X_6 + \beta_8 X_8 + \beta_{12} X_{12} + \beta_{14} X_{14} + \beta_{18} X_{18}\ (7-18) \\ Logit\ \dfrac{\gamma_1+\gamma_2}{\gamma_3} = Logit\ \dfrac{\gamma_1+\gamma_2}{\gamma_3} \\ \qquad = -\alpha_2 + \beta_3 X_3 + \beta_6 X_6 + \beta_8 X_8 + \beta_{12} X_{12} + \beta_{14} X_{14} + \beta_{18} X_{18}\ (7-19) \end{cases}$$

上述模型表明：$\dfrac{\gamma_1}{1-\gamma_1}$ 和 $\dfrac{\gamma_1+\gamma_2}{\gamma_3}$ 分别是被解释变量，科技

型企业成长梯队发展质量的取值为：$Y=1$，$Y=2$，$Y=3$，为3个不同发展质量水平的概率比，X_3、X_6、X_8、X_{12}、X_{14}、X_{18}为本研究设定的6个解释变量，其中，X_3=市场创新能力；X_6=激励机制效果；X_8=研发资金占比；X_{12}=贷款支持政策；X_{14}=产业潜在利润；X_{18}=诚信价值观念；β_3、β_6、β_8、β_{12}、β_{14}、β_{18}表示反映6个解释变量与被解释变量Y之间出现概率比的回归系数，α_1、α_2表示常数项。

7.4.6.3 变量描述性统计

被解释变量描述统计见表7-23，解释变量描述性统计与预期作用方向见表7-24。

表7-23 被解释变量描述性统计

变量名称	变量赋值	样本数	百分比	有效百分比	累积百分比
科技型企业成长梯队发展质量	$Y=1$	216	40.5	40.5	40.5
	$Y=2$	251	47.1	47.1	87.6
	$Y=3$	66	12.4	12.4	100.0
	合计	533	100.0	100.0	—

表7-24 解释变量描述性统计与预期作用方向

变量名称	变量符号	最小值	最大值	均值	标准差	预期作用方向
市场创新能力	X_3	1	5	3.22	1.082	＋
激励机制效果	X_6	1	5	3.87	0.954	＋
研发资金占比	X_8	1	5	3.85	0.849	＋

续表

变量名称	变量符号	最小值	最大值	均值	标准差	预期作用方向
贷款支持政策	X_{12}	0	1	0.12	0.330	+
产业潜在利润	X_{14}	0	1	0.13	0.334	+
诚信价值观念	X_{18}	0	1	0.12	0.321	+

7.4.6.4 实证结果与分析

从表7-23和表7-24可以看出，被解释变量科技型企业成长梯队发展质量的总体样本数为533，最小样本书数66，最大样本数为251。依据 Logistic 模型对大样本和最小样本的要求，本研究构建的有序 Logistic 计量模型至少可以解释6个自变量，因此，可以运用有序 Logistic 计量模型对本研究构建的"产业振兴下科技型企业成长梯队高质量发展机理模型"（图7-4）进行实证检验。

运用 SPSS 17.0 统计软件，选择有序 Logistic 回归，采用 Enter（进入法），把所有变量一次全部代入本研究构建的有序 Logistic 最终模型，检验结果显示：（1）模型整体卡方值为 282.068，$P= 0.000$，表明模型整体拟合较好；（2）Pearson 拟合优度卡方值为 612.963，$P= 0.000$，表明模型通过了 Pearson 检验；（3）Deviance 拟合优度卡方值为 376.861，$P=0.001$，表明模型通过了 Deviance 检验。有序 Logistic 最终模型参数估计结果如表7-25所示。

表7-25　基于有序Logistic模型的科技型企业成长梯队高质量发展机理实证检验参数估计结果

变量名称	变量符号（阈值）	系数值	标准误	Wald值	P值
科技型企业成长梯队发展质量	$Y=1$	4.585***	0.630	52.903	0.000
	$Y=2$	8.337***	0.719	134.291	0.000
市场创新能力	X_3	0.347***	0.089	15.224	0.000
激励机制效果	X_6	0.214**	0.103	4.316	0.038
研发资金占比	X_8	0.721***	0.122	34.679	0.000
贷款支持政策	X_{12}	4.565***	0.441	107.382	0.000
产业潜在利润	X_{14}	0.851***	0.326	6.819	0.009
诚信价值观念	X_{18}	0.674*	0.348	3.752	0.053

注：***、**、*分别表示变量通过1%、5%、10%显著性水平统计检验。

上述实证结果表明：（1）被解释变量科技型企业成长梯队发展质量在$Y=1$（发展质量差）和$Y=2$（发展质量一般）两个质量水平，与$Y=3$（发展质量好）相比均通过1%显著性水平统计检验，说明本研究构建的有序Logistic最终模型整体拟合较理想，能较好地反映解释变量与被解释变量之间的作用机理关系；（2）市场创新能力、激励机制效果、研发资金占比、贷款支持政策、产业潜在利润、诚信价值观念6个解释变量均通过1%、5%、10%显著性水平统计检验，表明本研究理论分析提出的6个研究假设均得到验证，其中，市场创新能力、研发资金占比、贷款支持政策、产业潜在利润均通过1%显著性水平统计检验，说明这几个变量对科技型企业成长梯队发展质量影响最显著，是影响科技型企业成长梯队高质量发展的关键影响因素；（3）激励机制效果通过 5% 显著性水平统计检验，说明内部管理机制的运行效果对科技型企业成长梯队发展质量影响较显著，是影响科技型企业成长梯队高质量发展的主要内部影响因素；（4）诚信价值观念通过 10% 显著性水平统计检验，说明社会文化环境对科技型企业成长梯队发展质量具有显著影响，是科技型企业成长梯队高质量发展的主要外部影响因素；（5）从关键变量的影响程度来看，市场创新能力、研发资金占比、贷款支持政策、产业潜在利润的系数值排序从大到小依次为：贷款支持政策（4.565）＞产业潜在利润（0.851）＞研发资金占比（0.721）＞市场创新能力（0.347），表明政策环境、产业环境对科技型企业成长梯队发展质量的影响比创新要素更大，改善外部环境可以直接推动科技型企业成长梯队实现高质量发展，同时也说明企业家创新精神和涉农企业科技创新能力对科技型企业成长梯队发展质量产生直接影响。

8 科技型企业成长梯队高质量发展的路径选择研究

8.1 科技型企业成长梯队高质量发展存在的主要问题

8.1.1 大学生创业企业技术创新能力和市场竞争优势较弱

从表 3-1 的统计数据可以看出，直到 2018 年底，贵州省科技型企业成长梯队遴选总数为 1 108 家，其中：大学生创业企业 192 家，占梯队企业总数的 17.33%。大学生创业企业是未来科技型企业成长梯队高质量发展的生力军，在技术创新方面具有较大的发展潜力，处于梯队发展规模的第五层次，但从发展规模上看，与科技型种子企业和科技型小巨人成长企业相比，总体数量偏少，很多大学生创业企业达不到贵州省科技型企业成长梯队遴选办法的培育条件，表明大学生创业企业的技术创新能力和市场竞争优势不明显。

8.1.2 创新型领军企业培育企业行业竞争优势不明显

从表 3-1 的统计数据可以看出，2016—2018 年贵州省创新型领军企业培育企业的数量 3 年间仅增加了 2 个企业，2018 年出现零增长。说明贵州省创新型领军企业培育企业在上市、投融资、装备更新、技术研发、技术创新、技术改造、人才引进、管理咨询等方面的发展缓慢，具有行业竞争优势的存量有限，很多企业达不到梯队遴选办法的培育条件，表明贵州省创新型领军企业培育企业增长乏力，梯队带动效果不明显。

8.1.3 科技型种子企业的研发资金占销售收入的比例较小

据课题组对中西部地区科技型种子企业抽样的调查发现，入选科技型企业成长梯队的培育期为 3 年，培育经费支持 10 万~50 万元，主要用于支持梯队企业改善投融资、技术研发、技术创新、品种创新、产品创新、技术改造和人才引进的创新环境，但经费支持力度较小，如果按照 3 年培育期计算，年均资助仅为 3.33 万~16.67 万元，对科技型种子企业的激励效果不明显，导致科技型种子企业不愿意加大研发资金的投入。从品种创新和产品创新的角度来看，农作物新品种的研发周期一般需要 5~8 年，远远超过了 3 年的培育期，同样导致科技型种子企业不愿意为技术创新、品种创新和产品创新而加大研发资金在销售总额中的占比，培育效果不理想，科技型种子企业的投融资环境有待改善。

8.2 科技型企业成长梯队高质量发展的路径选择

8.2.1 提升融资能力是科技型企业成长梯队高质量发展的前提条件

据课题组对中西部地区科技型企业成长梯队的抽样调查发现，有95%以上的科技型企业面临较大的研发资金需求缺口，研发投入明显不足，除少数创新型领军企业培育企业外，大多数梯队企业的年均研发资金投入占销售总额的比率不到15%，其中，大学生创业企业3年培育期内年均研发资金投入占比不到5%；科技型种子企业3年培育期内年均研发资金投入占比不到8%；科技型小巨人成长企业3年培育期内年均研发资金投入占比不到10%；科技型小巨人企业3年培育期内年均研发资金投入占比不到15%，表明科技型企业成长梯队的融资能力整体偏弱。从企业成长的角度来看，科技型企业成长梯队大多处于初创期和发展期，尚未进入成熟期，研发资金明显不足，导致大部分梯队企业技术创新能力较弱，虽然企业员工的学历层次具有比较优势，但所申请到的培育资金的资助年均仅为3.33万～16.67万元，且培育资金大多没有用在技术创新和产品创新的投入，这就使得梯队企业的研发投入受到一定程度的影响，进而影响到科技型企业成长梯队的技术创新能力和市场创新能力，其在国内同行内处于竞争弱势，因此，提升融资能力是科技型企业成长梯队高质量发展的前提条件。

8.2.2 提升技术创新能力是科技型企业成长梯队高质量发展的关键

据课题组对中西部地区科技型企业成长梯队的抽样调查发现，技术创新能力的提升已成为制约科技型企业成长梯队高质量发展的瓶颈因素，除少数创新型领军企业培育企业外，大多数梯队企业缺少自主知识产权的新品种、新技术和新产品，其中：超过65%的大学生创业企业缺少自主研发和自主拥有的专利、软件著作权、集成电路布图等自主知识产权；超过70%的科技型种子企业缺少自主研发的植物新品种权；超过50%的科技型小巨人成长企业缺少自主研发和自主拥有的新技术、新产品和软件著作权等自主知识产权；超过30%的科技型小巨人企业缺少自主研发的新品种、新技术、新产品等自主知识产权，表明科技型企业成长梯队的技术创新能力整体偏弱。从企业成长的角度来看，科技型企业成长梯队大多处于初创期和发展期，尚未进入成熟期，由于大多数梯队企业缺少硕士以上高学历专业技术人才和懂技术、懂管理、善经营的职业经理人，导致企业老总投资战略规划的重点发生了偏移，他们认为提升技术创新能力是一个长期的过程，研发周期长，投入大，见效慢，研发出来的新品种、新产品、新技术经常跟不上市场需求，研发投入风险较大，不如直接购买市场需要的新品种、新产品和新技术的经营权，这就使得即使企业有盈利，企业也不愿意把钱用于技术研发、技术创新、品种创新、产品创新、技术改造和人才引进，结果导致大部分梯队企业品种单一，缺少有竞争优势的新产品和新技术，进而影响梯队企业的技术创新能力，使企业在国内同行内处于竞争弱势，因此，提升技术创新能力是科技型企业成长梯队高质量发展的关键。

8.2.3 提升高层次人才引进质量是科技型企业成长梯队高质量发展的保障

据课题组对中西部地区科技型企业成长梯队的抽样调查发现，由于工资待遇低和物价水平高，大多数梯队企业普遍存在高层次专业技术人才供给不足的问题，很多专家和高层次专业技术人才因为工资待遇与全国发达地区相比差距过大而不愿意到贵州的地州企业工作，导致地州梯队企业招聘成本较高，除少数创新型领军企业培育企业能够为专家和高层次专业技术人才提供优厚待遇外，其他的梯队企业几乎不具吸引力，在人才招聘市场上，几乎很少有专家和高层次专业人才问津，表明科技型企业成长梯队人才需求旺盛但人才供给相对不足。高层次人才供需矛盾仍然较突出，已成为制约贵州省科技型企业成长梯队高质量发展的重要因素。从企业成长的角度来看，科技型企业成长梯队大多处于初创期和发展期，尚未进入成熟期，由于大多数梯队企业高学历科技人才占企业员工总数的比率较低，影响了企业的研发投入力度。一方面，由于缺乏高层次科技人才的支撑，一些梯队企业至今尚未设置专业的研发部门或研发部门规模较小，使得部分科研人才从事一些非科研的管理或营销工作，导致高层次人才引进的数量明显供不应求；另一方面，一些设有研发部门的梯队企业在国家和地方高层次人才引进的政策支持下，采用政府补助和企业自筹的方式高价引进了一些科技专家和高层次人才，但大多为柔性引进而非全职引进，一些梯队企业为节省引进成本，多采用产学研的合作模式或采用项目合作的模式，这些高层次人才到企业工作的时间较短，由于企业提供的福利待遇存在地区差别和行业差别，导致高层次人才的利用效率较低，留不住人才的现象成为西部地区高层次科技人才引进工程的新常态，直接影响高层次科技人才引进的质量，这在很大程度上制约了西部地区科技型企业成长梯队的高质量发展。因此，加大高层次人才引进的数量，提升高层次人才的用人质量是西部地区技型企业成长梯队高质量发展的保障。

9 研究结论与政策建议

9.1 研究结论

　　科技型企业成长梯队的高质量发展，已成为新时代贵州省推动科技产业结构优化升级，提升科技型中小成长企业科技创新能力，增强市场竞争优势，壮大科技产业发展规模，引领传统产业实现绿色转型，促进高科技产业绿色发展的关键路径。本研究基于产业创新视角，借鉴企业成长理论，通过研究贵州省科技型企业成长梯队的发展现状，对科技型企业成长梯队进行新的界定，指出科技型企业成长梯队的基本特征，综合运用企业成长理论和微观经济学基本原理，系统构建科技型企业成长梯队高质量发展的理论分析框架，提出科技型企业成长梯队的高质量发展机理，构建科技型企业成长梯队发展环境的评价指标体系，综合运用结构方程模型、二元 Logistic 模型、有序 Logistic 模型、探索性因子分析法、验证性因子分析法、主成分分析法、层次分析法、专家评分法、分区域与分层相结合的随机抽样调查等多种研究方法建立计量经济模型，基于中西部地区8省（市）科技型企业成长梯队抽样调查的问卷数据，实证研究贵州省科技型企业成长梯队高质量发展的影响因素和实现机制，以实证结果为依据，提出贵州省科技型企业成长梯队高质量发展的培育路径，得出如下主要研究结论：

（1）国家和地方对梯队企业科技创新的支持力度是科技型企业成长梯队高质量发展的关键。理论研究表明：企业的外部环境可以促进企业市场需求量的增加和技术创新能力的提升，从而推动企业扩大生产经营规模实现规模经济，而政策环境是企业最重要的外部成长环境。基于有序Logistic计量模型的实证分析结果表明：政策环境通过了1%显著性水平统计检验，且影响程度最大（1.542），说明政策环境的优劣对科技型企业成长梯队高质量发展具有非常显著的直接影响。由此可见，国家和地方对梯队企业科技创新的支持力度是科技型企业成长梯队高质量发展的关键。

（2）梯队企业拥有的具有硕士学位以上的专业技术人才的数量和引进的高层次人才的质量是科技型企业成长梯队高质量发展的必要条件。理论研究表明：企业的内部资源是企业成长的动力，是提高企业经济效益的基础条件，是企业提升市场竞争优势和选择未来发展方向的根本。基于有序Logistic计量模型的实证分析结果表明：人才资源通过了1%显著性水平统计检验，且影响程度排第二（0.805），仅次于政策环境（1.542），说明人才资源的数量和质量对科技型企业成长梯队高质量发展具有比较显著的直接影响。由此可见，一方面，梯队企业拥有的具有硕士学位以上的专业技术人才的数量越多，越有利于科技型企业的内部创新发展；另一方面，梯队企业引进的高层次人才的质量越高，越有利于提升科技型企业自身的知识创新能力、技术创新能力和产品创新能力，进而增强科技型企业的市场竞争优势，从而推动科技型企业成长梯队高质量发展。

（3）梯队企业拥有的技术改造、新技术、新产品、新品种和专利的数量是科技型企业成长梯队高质量发展的前提条件。理论研究表明：企业能力是提高企业经济效益的前提条件，企业的科研开发能力、技术创新能力和市场创新能力越强，越有利于提升企业的发展质量，保障企业在高质量发展方向上实现规模经济和范围经济。基于有序 Logistic 计量模型的实证分析结果表明：科研开发能力通过了 1% 显著性水平统计检验，且影响程度排第三（0.791），仅次于人才资源（0.805），说明科研开发能力的提升对科技型企业成长梯队高质量发展具有显著的直接影响。由此可见，科技型企业成长梯队拥有的技术改造、新技术、新产品、新品种和专利的数量越多，越有利于增强科技型企业的自主创新能力，随着梯队企业自主创新能力的增强，梯队企业的科研开发能力随之增强，这在很大程度上可以促进科技型企业成长梯队实现品种创新、技术创新、产品创新和市场创新的转型升级，从而推动科技型企业成长梯队实现高质量发展。

（4）技术环境、人力资源环境、市场环境、资金信贷环境、政策创新环境是重要的一级指标，其中，资金信贷环境和技术环境是非常重要的一级指标，而市场环境、人力资源环境和政策创新环境是比较重要的一级指标，表明营造良好的科技型企业成长梯队发展环境更需要资金信贷、技术、市场环境、人力资源和政策的支持。

（5）文化环境和社会服务环境不是非常重要和比较重要的一级指标，相比较而言，文化环境与社会服务环境的重要程度较小，而社会服务环境的重要程度最小，表明科技型企业成长梯队对文化创新与社会服务环境不敏感。

（6）信贷支持、资本累积机制、风险投资是资金信贷环境的主要测量指标；研发人才储备、技术创新能力、员工技术培训是技术环境的主要测量指标；市场占有率、知识扩散程度、市场结构是市场环境的主要测量指标；科研人才素质、激励机制合理性、科技人才引进力度是人力资源环境的主要测量指标；地方法规创新、政策支持力度、政策资金投入是政策创新环境的主要测量指标；政府机构服务质量、教育投入力度、中介服务水平是社会服务环境的主要测量指标。

（7）创新要素的双向自由流动对促进科技型企业成长梯队高质量发展具有间接影响效应。创新要素在不同层次科技型企业之间不能直接流动，即不能直接实现科技型企业间创新资源要素的互补进而不能直接促进科技型企业成长梯队高质量发展，但创新要素可以通过乡村产业振兴战略的实施和共享机制的建立来推动创新资源要素在城乡农业产业和不同层次科技型企业间有效流动，以促进不同层次科技型企业间创新要素的互补，进而对科技型企业成长梯队高质量发展的实现具有间接影响效应。

（8）乡村产业振兴战略的实施进度对保证科技型企业成长梯队高质量发展具有中介效应。乡村产业振兴战略的实施是提升城乡农业产业发展质量的充分条件，对科技型企业成长梯队高质量发展具有正向显著的直接影响。乡村产业振兴战略的实施是创新要素在城乡农业产业之间双向自由流动的桥梁，既是创新要素在科技型企业之间有效流动的结果，又是保证科技型企业成长梯队高质量发展的原因，发挥了中介作用。

（9）共享机制的建立对提升科技型企业成长梯队发展质量具有中介效应。共享机制的建立是提升城乡农业产业发展质量的充分条件，对科技型企业成长梯队发展质量具有正向显著的直接影响。共享机制的建立是创新要素在城乡农业产业之间双向自由流动的桥梁，既是创新要素在科技型企业之间有效流动的结果，又是提升科技型企业成长梯队发展质量的原因，发挥了中介作用。

（10）优势资源对科技型企业成长梯队高质量发展具有间接影响效应。优势资源在不同层次梯队企业间不能直接流动，即不能直接实现梯队企业间创新要素的互补进而直接影响科技型企业成长梯队实现高质量发展，但优势资源可以通过协同机制和战略合作的中介作用推动资源要素在不同层次科技型企业成长梯队间有效流动，促进不同层次梯队企业间创新要素的互补，对科技型企业成长梯队高质量发展的实现具有间接影响效应。

（11）协同机制对科技型企业成长梯队高质量发展具有中介效应。协同机制是科技型企业成长梯队实现高质量发展的充分条件，对科技型企业成长梯队高质量发展具有正向显著的直接影响；协同机制是优势资源在科技型企业成长梯队之间双向流动的桥梁，既是优势资源在科技型企业成长梯队间有效流动的结果，又是科技型企业成长梯队实现高质量发展的原因，发挥了中介作用。

（12）战略合作对科技型企业成长梯队高质量发展具有中

介效应。战略合作是科技型企业成长梯队建立协同机制的充分条件，对科技型企业成长梯队高质量发展具有正向显著的直接影响；战略合作对优势资源在科技型企业成长梯队之间双向流动的有效性和长远性发挥中介作用。

（13）信息资源和行业资源之间的协同互补性较差，对科技型企业成长梯队协同创新意愿的互补性影响不显著；信息资源和行业资源在科技型企业成长梯队之间不能同时实现优势创新资源的互补效应，不是科技型企业成长梯队参与协同创新的主要影响因素，而技术资源、人力资源、产业资源和市场资源在科技型企业成长梯队之间可以同时实现优势创新资源的互补效应，是科技型企业成长梯队参与协同创新的主要影响因素。

（14）政策环境、产业环境和金融环境对信息资源和行业资源的协同互补性调节作用较差，对科技型企业成长梯队协同创新意愿的调节作用不显著，即外部创新环境不能同时调节信息资源和行业资源以实现优势创新资源在科技型企业成长梯队之间的互补效应；而技术资源和人力资源对科技型企业成长梯队协同创新意愿的互补性影响最为显著，即技术资源和人力资源在科技型企业成长梯队之间可以同时实现优势创新资源的最优互补效应，是科技型企业成长梯队参与协同创新的关键影响因素。

（15）政策环境、产业环境和金融环境对技术资源、人力资源、产业资源和市场资源的协同互补性均具有较好的调节作用，因而对科技型企业成长梯队协同创新意愿的调节作用均较为显著，即外部创新环境可以同时调节技术资源、人力资源、产业资源和市场资源，从而实现优势创新资源在科技型企业成长梯队之间的互补效应。

（16）企业家创新精神对科技型企业成长梯队高质量发展具有显著影响。理论研究表明：企业家创新精神的测量可以由企业家具有产品创新能力、技术创新能力和市场创新能力的强弱程度来综合反映，而主成分分析表明，市场创新能力是测量企业家创新精神最关键的三级指标；基于有序 Logistic 计量模型的实证分析表明，市场创新能力通过了 1% 显著性水平统计检验，对科技型企业成长梯队高质量发展具有非常显著的影响。由此可见，乡村产业振兴背景下，科技型企业成长梯队高质量发展与企业家创新精神紧密相关，企业家创新精神是提升科技型企业成长梯队发展质量的一个关键创新要素，对科技型企业成长梯队高质量发展具有正向显著影响。

（17）管理运行机制对科技型企业成长梯队高质量发展具有显著影响。理论研究表明，管理运行机制的测量可以由科技型企业运行的动力机制效果、约束机制效果和激励机制效果来综合反映；而主成分分析表明，激励机制效果是测量管理运行机制最关键的三级指标；基于有序 Logistic 计量模型的实证分析表明，激励机制效果通过 5% 显著性水平统计检验，对科技型企业成长梯队高质量发展具有较显著的影响。由此可见，乡村产业振兴背景下，科技型企业成长梯队高质量发展与管理运行机制紧密相关，企业管理机制的健全与否与运行效率是提升科技型企业成长梯队发展质量的一个主要创新要素，对科技型企业成长梯队高质量发展具有正向、显著影响。

（18）科技创新能力对科技型企业成长梯队高质量发展具

有显著影响。理论研究表明，科技创新能力的测量，可以由科技型企业拥有的创新性人才占比、研发资金占比和科研综合实力排名来综合反映；而主成分分析表明，研发资金占比是测量科技创新能力最关键的三级指标；基于有序 Logistic 计量模型的实证分析表明，研发资金占比通过了 1% 显著性水平统计检验，对科技型企业成长梯队高质量发展具有非常显著的影响。由此可见，乡村产业振兴背景下，科技型企业成长梯队高质量发展与该企业的科技创新能力紧密相关，科技创新能力是提升科技型企业成长梯队发展质量的一个重要创新要素，对科技型企业成长梯队高质量发展具有正向、显著影响。

（19）政策环境对科技型企业成长梯队高质量发展具有显著影响。理论研究表明，政策环境的测量可以由公平的市场环境政策、知识产权保护政策、贷款支持政策综合反映；而主成分分析表明，贷款支持政策是测量政策环境最关键的三级指标；基于有序 Logistic 计量模型的实证分析表明，贷款支持政策通过了 1% 显著性水平统计检验，对科技型企业成长梯队高质量发展具有非常显著的影响。由此可见，乡村产业振兴背景下，科技型企业成长梯队高质量发展与政策环境紧密相关，政策环境是提升科技型企业成长梯队发展质量的一个关键外部因素，对科技型企业成长梯队高质量发展具有正向、显著影响。

（20）产业环境对科技型企业成长梯队高质量发展具有显著影响。理论研究表明，产业环境的测量可以由产业竞争力、产业潜在利润、产业创新战略综合反映；而主成分分析表明，产业潜在利润是测量产业环境最关键的三级指标；基于有序

Logistic 计量模型实证分析表明，产业潜在利润通过了1%显著性水平统计检验，对科技型企业成长梯队高质量发展具有非常显著的影响。由此可见，乡村产业振兴背景下，科技型企业成长梯队高质量发展与该企业所处的产业环境紧密相关，产业环境是提升科技型企业成长梯队发展质量的一个重要外部因素，对科技型企业成长梯队高质量发展具有正向、显著影响。

（21）社会文化环境对科技型企业成长梯队高质量发展具有显著影响。理论研究表明，社会文化环境的测量可以由人口规模、文化传统、诚信价值观念综合反映；而主成分分析表明，诚信价值观念是测量社会文化环境最关键的三级指标；基于有序 Logistic 计量模型实证分析表明，诚信价值观念通过了10%显著性水平统计检验，对科技型企业成长梯队高质量发展具有显著影响。由此可见，乡村产业振兴下，科技型企业成长梯队高质量发展与该企业所处的社会文化环境紧密相关，社会文化环境是提升科技型企业成长梯队发展质量的一个主要外部因素，对科技型企业成长梯队高质量发展具有正向、显著影响。

（22）创新环境对科技型企业成长梯队协同创新参与度的直接影响不显著，但间接影响较显著；创新环境可以通过协同创新机制与创新战略协同度两条路径间接影响科技型企业成长梯队协同创新参与度；创新环境对科技型企业成长梯队创新战略协同度和协同创新机制具有直接影响效应；创新战略协同度和协同创新机制对科技型企业成长梯队协同创新参与度具有直接影响效应和中介作用。

（23）创新环境并不能直接对科技型企业成长梯队协同创

新参与度产生显著影响，但可以作为科技型企业成长梯队协同创新的催化剂，推动科技型企业成长梯队实现协同创新，而科技型企业成长梯队的创新战略协同度和协同创新机制被调查数据证明对创新环境的推动力起到了中介桥梁作用，是影响科技型企业成长梯队协同创新参与度的直接原因。研究还发现更深层次的传导机理；保险服务对科技型企业成长梯队的激励机制影响较显著；资源共享机制对科技型企业成长梯队合作方式的选择影响较显著；技术创新战略协同度对科技型企业成长梯队合作模式的选择影响较显著。

9.2 政策建议

基于上述结论，本研究提出如下政策建议：

（1）加大培育资金支持力度，适当延长科技型企业梯队成长的培育期。

（2）设立专项科研奖励基金，激励科技型企业梯队成长研发适合市场需求的新品种、新产品和新技术，提升梯队企业整体技术创新能力，增强市场竞争优势。

（3）加大高层次科技人才引进的规模，提高科技人才福利待遇，缩小东西部地区工资差距和行业待遇差距，提升高层次科技人才引进质量，建立"引得来、留得住、用得好"的良性人才引进机制，健全高层次科技人才引进工程项目，构建高层次科技人才引进长效机制，为科技型企业成长梯队营造良好的发展环境。

（4）设立政府专项扶持科研基金，以政产学研项目合作的形式加大对科技型企业成长梯队的培育力度。科技型企业成长梯队高质量发展取决于梯队企业的品种创新能力、技术创新能力和产品创新能力，由于大多数梯队企业处于初创期和成长期，企业虽有品种创新、技术创新和产品创新的强力意愿，但由于缺乏资金或企业生产经营利润率较低，导致企业研发资金投入较少，甚至于一些科技型中小企业采取直接购买新品种、新技术和新产品的策略而不愿意投资自主研发，归其原因，主要是因为培育基金的数量不具有吸引力，企业自主筹资能力弱，从而减少了研发投入。因此，应该设立政府专项扶持科研基金，以政产学研项目合作的形式加大对科技型企业成长梯队的资金扶持力度，为科技型企业成长梯队创造良好的政策融资环境。

（5）完善西部地区高层次人才引进激励机制，增加到企业工作的高层次专业技术人才引进的工资福利待遇，打通政产学研高层次人才双向自由流动的绿色通道。经济学要素流动理论表明，高层次人才属于稀缺的劳动力资源，由于长期以来东西部一直存在着较大的收入差距，导致高层次人才大量流向经济发达的东部地区而较少流向西部欠发达地区，品种创新、技术创新和产品创新是科技型企业未来的主要攻关方向，但调查数据表明，处于西部地区的大多数科技型企业对高层次专业技术人才不具有吸引力，究其原因，主要是因为西部地区高层次专业技术人才引进的工资福利待遇与东部沿海发达地区存在较大的差距，导致高层次人才自由流动的机会成本较高，一些高层次专业技术人才宁愿在东部沿海发达地区打工也不愿意到西部欠发达地区谋取到西部企业工作的高层次人才引进待遇，因此，应进一步建立西部地区高层次人才引进激励机制，增加到企业工作的高层次专业技术人才引进的工资福利待遇，打通政产学研高层次人才双向自由流动的绿色通道。

（6）设立企业科技成果专项奖励基金，建立科技型企业自主研发的新品种、新技术、新产品及专利保护的长效机制。据课题组对中西部地区科技型企业成长梯队的抽样调查和专家访谈，发现许多科技型企业之所以不愿意增加研发投入的一个重要原因是研发成本和研发风险超过了企业的承受能力。一些新品种、新技术和新产品的研发从投入到获得知识产权通常需要5~8年的研发时间，如果企业研发出来的新品种、新技术和新产品不能申请到专利或知识产权，企业有可能入不敷出，资不抵债。因此，应该设立企业科技成果专项奖励基金，建立科技型企业自主研发的新品种、新技术、新产品及专利保护的长效机制，鼓励和支持企业以项目合作的形式加大对科技研发的投入力度，提升科技型企业成长梯队的科研开发能力，增加技术改造、新品种、新技术、新产品和专利的自主研发数量。

（7）提升国有银行对科技型企业成长梯队的贷款利率优惠幅度，完善资金信贷环境，拓宽融资渠道，减少贷款风险，建立科技型企业成长梯队专项贷款基金，明确贷款资金的应用途径及支持科技型企业扩大再生产规模，根据科技型企业经营业绩，延长贷款期限。

（8）加大高层次人才到企业工作的扶持力度，创新高层次人才双向考核机制和职称评定机制，建立职称评定绿色通道，优先推荐参与政产学研合作的专业技术人才评定高级职称，对为科技型企业成长梯队做出贡献的优秀人才优先提升高一级领导岗位；同时，建立科技型企业管理人员到科研单位和高校提升学历和专业技术能力的绿色通道，如适当增加定向科技型企业成长梯队的专业硕士指标，在达到国家复试线的同等条件下优先录取科技型企业成长梯队的考生，探寻高层次储备人才的良性培育路径，实现人力资源在政府、高校、科研院所和科技型企业之间的双向流动，推动政产学研长期稳定合作。

（9）加大对科技型企业成长梯队技术创新的扶持力度，在新品种选育、新技术开发、新材料应用、新产品开发和专利申请方面给予技术指导，定期委派高校和科研院所的资深专家，如知名科学家、经济学家、育种专家、二级教授、发达国家海归博士、长江学者等精英人才到科技型企业成长梯队作专题讲座或培训科技型企业成长梯队的管理者和技术部经理或固定员工，帮助科技型企业成长梯队组建属于企业自身的技术创新团队，增强科技型企业成长梯队自主创新能力和协同创新能力，从而推动科技型企业成长梯队做大做强。

（10）创新要素在城乡农业产业间的双向自由流动是提升科技型企业成长梯队发展质量的关键环节。乡村振兴背景下，实现创新要素（技术、人才、资金、管理、信息）在城乡农业产业间的双向自由流动已经成为乡村产业振兴战略急需解决的关键性问题，如果不能让创新要素在不同层次的科技型企业之间有效流动起来，将会导致农业产业创新系统内创新要素不能得到共享和有效配置，进而制约科技型企业的科技创新能力、企业发展速度和农业产业化程度，从而影响科技型企业成长梯队发展质量的提升。为此，应充分认识到技术、人才、资金、管理、信息等创新要素在城乡农业产业间有效流动的价值关键在于促进不同层次科技型企业间创新要素的互补，推动科技型企业内部创新要素在城乡农业产业系统内重新整合和配置，实现城乡农业产业创新系统内创新要素的有效流动，从而从根本上促进科技型企业成长梯队高质量发展。

（11）乡村产业振兴战略是调节创新要素与科技型企业成长梯队高质量发展的纽带。乡村振兴战略的实施改变了创新要素由乡村单向流入城镇的传统路径，使得创新要素在城乡间双向自由流动成为可能。随着乡村产业振兴战略的推进，"种养加产业化、产供销产业化、产学研一体化"已成为新兴科技型企业未来的发展模式，但由于长期以来城乡经济的不平衡发展，导致科技型企业间自然存在的信息不对称和逆向选择行为，这直接影响科技型企业科技创新能力的提升、发展速度和农业产业化程度。为此，应尽快在城乡科技产业系统内推行"种养加产业化、产供销产业化、产学研一体化"相结合的发展模式，加强与政府、科研院所和高校建立长期紧密的深度合作关系，培育"城乡科技产业航母"，实现科技型企业成长梯队高质量发展。

（12）共享机制是基于创新要素双向自由流动与科技型企业成长梯队高质量发展之间的桥梁。随着共享经济在乡村产业振兴进程中的推广和应用，"技术共享、人才共享、信息共享、管理共享、利益共享、风险共担"已成为新兴科技型企业未来的发展方向，打通创新要素在城乡科技产业创新系统内外的共享通道，使得城乡科技产业系统内的创新要素充分

自由流动起来，取决于科技型企业之间是否建立了公平合理
的共享机制。为此，应尽快在城乡科技产业系统内建立技术
共享机制、人才共享机制、信息共享机制、管理共享机制、
利益共享机制、风险共担机制，使得创新要素在乡村产业振
兴战略推行的契机下，能够在科技型企业成长梯队之间得到
优化配置和有效利用，从而推动科技型企业成长梯队实现高
质量发展。

（13）优势资源是科技型企业成长梯队由弱变强的关键创
新要素。高质量发展已经成为科技型企业成长梯队未来增强产
业创新能力的主要发展方向，如果不能让科技型企业成长梯队
成员的内部优势资源有效流动起来，将会阻碍创新要素在科技
型企业成长梯队间自由流动，导致科技产业创新系统内部优势
资源不能得到共享和有效配置，进而制约科技型企业成长梯队
技术创新能力、市场创新能力和产品创新能力的进一步增强，
从而影响科技产业创新系统整体运行效率的提升。为此，应充
分认识到优势资源有效流动的价值在于促进不同层次科技型企
业成长梯队之间创新要素的互补，推动科技型企业成长梯队的
内部优势资源在科技产业系统内重新整合，实现科技产业创新
系统内优势资源的有效流动。

（14）协同机制是基于优势资源与科技型企业成长梯队高
质量发展之间的桥梁。科技型企业成长梯队之间的优势资源
（技术资源、人才资源、管理资源、信息资源）是否能够自由
流动起来，取决于科技型企业成长梯队是否建立了公平合理的
协同机制（激励机制、沟通机制、共享机制、利益机制、风险
机制、文化机制）。为此，应尽快建立科技型企业成长梯队内

外部优势创新要素双向自由流动的协同机制，使得优势资源能够在科技产业创新系统内得到优化配置和有效利用，从而推动科技型企业成长梯队实现高质量发展。

（15）战略合作是调节优势资源与科技型企业成长梯队高质量发展的纽带。大数据和共享经济的到来，改变了科技型企业间的合作模式，"利益共享、资源共享、信息共享"已成为新兴的科技型企业成长梯队未来的战略合作方向，但由于科技型企业成长梯队之间自然存在的信息不对称和逆向选择行为，导致科技型企业成长梯队之间长期以来一直是一种竞争与合作的竞合关系而非高质量发展的战略联盟关系，这直接影响科技型企业成长梯队创新能力的提升和良好发展环境的培育。为此，应尽快建立长期紧密的战略合作伙伴关系，打通优势资源在科技产业创新系统内外的共享通道，加强与政府、科研院所和高校建立长期紧密的深度合作关系，培育"科技产业航母"，改善科技型企业成长梯队内外部发展环境，实现科技型企业成长梯队高质量发展。

（16）设立科技型企业成长梯队协同创新基金，奖励和支持科技型企业成长梯队在技术资源、人力资源、产业资源和市场资源方面优势资源互补，增加科技型企业在科研、生产、经营方面的软件、设备与工具的数量，为科技型企业成长梯队营造良好的协同创新环境（政策环境、产业环境和金融环境），培育和提升科技型企业成长梯队的技术创新能力、品种创新能力和产品创新能力，增强科技型企业成长梯队的核心竞争能力和市场竞争优势。

（17）建立高层次科技人才到科技型企业工作的奖励机制，

鼓励和支持具有硕士学位以上的科技人员和应往届毕业的重点高校研究生到科技型企业工作，可以设立科技型财政专项支持基金对自愿到科技型企业工作的高层次科技人才按年发放专项科技人才生活津贴，减免到科技型企业工作的高层次人才的个人所得税，增加购房补贴和"五险一金"等社会福利保障的财政补助，提高科技型高层次人才的实际工资水平，为到科技型企业工作的高层次科技人才营造良好的生活环境和工作环境。

（18）加大对近5年总产值有超额利润的科技型企业成长梯队的培育基金支持力度，建立高校高层次人才进企业和企业家进高校的双向人才培养机制，探索科技型企业成长梯队内外部创新资源共享机制；加大对科技型企业成长梯队金融贷款的额度，适当延长贷款期限，对大学生创业企业可实行减免贷款利率的优惠政策；建立科技产业公平竞争机制，保护科技型企业的知识产权和科研成果，营造良好的产业内外竞争环境，加大对科技产品市场营销网络的监管力度，为科技型企业成长梯队在技术资源、人力资源、产业资源和市场资源实现优势创新资源协同互补创造良好的外部创新环境。

（19）培育科技型企业家，增强科技型企业市场创新能力。合理引导科技型企业生产和经营具有一定科技含量的绿色农副产品，支持和鼓励科技型企业与小农户合作，向农村推广企业研发的新技术和新产品，向农民提供技术培训和生产指导服务，扩大农村市场营销网点，支持乡村特色产业发展，助推乡村新业态、新产业的形成，以发展绿色产业为目标，提升农产品绿色生产技术含量，拓宽绿色农产品市场销路，促进乡村绿色产业发展。

（20）设立乡村产业振兴专项贷款基金，引导地方金融机构支持科技型企业参与乡村产业振兴投资贷款。对积极参与乡村振兴，进行农作物新品种培育、新产品生产、新技术研发和绿色农业实用生产技术推广的科技型企业可以增加贷款额度，降低贷款利率，延长贷款期限，鼓励和支持科技型企业与农民专业合作社合作，为乡村注入科技创新元素，发展壮大乡村集体经济，延伸城乡科技产业链，提升科技价值链，助推乡村产业转型升级。

（21）建立公平竞争机制和诚信机制，在科技企业界倡导学习社会主义核心价值观，着力改善产业环境和社会文化环境。增强科技型企业服务乡村的价值观，鼓励支持科技型企业调整企业内部管理运行机制，树立服务社会的企业文化精神，加大对做出突出贡献和积极参与乡村振兴的科技型企业的奖励额度和奖励范围，引导涉农高等院校和农业科研院所对科技型企业进行人才和科研支持，建立"政产学研＋农民专业合作社＋小农户"的新型产业振兴协同创新机制，合理引导城乡产业融合，打通城乡要素双向自由流动通道，推动乡村产业振兴。

（22）充分认识创新环境对促进科企协同创新的推动作用和间接效应，尽快构建科技型企业成长梯队协同创新的政策机制和激励机制，合理引导农业科研院所和农业高校的优势资源（知识资源、技术资源、人才资源、种质资源）向大中型科技型企业有效流动。

（23）种业科技创新体制改革应充分考虑国家种业发展战略与科技型企业成长梯队的技术创新战略和市场创新战略的协同，实现三者的有机结合，在合作方式的选择上可优先考虑两种机制的中介效应，实现科技型企业成长梯队之间长期平稳合作。

参 考 文 献

［1］毕娟，马爱民.科技型创业企业危机机理研究[J].科学学研究，2011，29（04）：582-590.

［2］陈至发.企业战略联盟的竞争优势：基于资源理论的观点[J].商业研究，2006（10）：21-22.

［3］陈劲.新形势下产学研战略联盟创新与发展研究[M].北京：中国人民大学出版社，2009.

［4］曹静，范德成，唐小旭.产学研结合技术创新合作机制研究[J].科技管理研究，2009（11）：50-52.

［5］陈业华，陈倩倩.基于结构方程的中小型科技企业成长机制研究[J].科学学与科学技术管理，2010，31（04）：156-161.

［6］陈劲，阳银娟.协同创新的理论基础与内涵[J].科学学研究，2012，30（02）：161-164.

［7］程绍杰.金融支持科技农业发展问题研究[J].吉林金融研究，2012（07）：53-56.

［8］陈劲，阳银娟.协同创新的驱动机理[J].技术经济，2012，31（08）：6-12.

［9］陈晓红，马鸿烈.中小企业技术创新对成长性影响——科技型企业不同于非科技型企业?[J].科学学研究，2012，30

（11）：1749-1760.

［10］柴玮.加快科技创新促进种业发展[J].中国种业，2013（01）：1-3.

［11］崔晓峰，焦晓波.企业成长阶段视角下企业家精神与IT企业成长——基于"安德科技"公司的案例研究[J].华北水利水电学院学报（社科版），2013，29（03）：70-73.

［12］陈钧浩.全球化经济的要素流动与国际贸易理论的发展方向[J].世界经济研究，2013(11): 3-8.

［13］陈光华，王建冬，杨国梁.产学研合作创新效率分析及其影响因素研究[J].科学管理研究，2014，32（02）：9-12.

［14］陈收，施秀搏，吴世园.互补资源与创新资源协同对企业绩效的影响——环境动态性的调节作用[J].系统工程，2015，33（01）：61-67.

［15］常洁，乔彬.科技型中小企业产学研协同创新绩效评价[J].统计与决策，2020（06）：185-188.

［16］董瑞青，刘扬.民营科技企业成长与高新技术产业发展系统协同度模型及实证[J].统计与决策，2012（01）：118-121.

［17］杜兰英，陈鑫.政产学研用协同创新机理与模式研究[J].科技进步与对策，2012（29）：103-107.

［18］杜丹丽，姜铁成，曾小春.企业社会资本对科技型小微企业成长的影响研究——以动态能力作为中介变量[J].华东经济管理，2015，29（06）：148-156.

［19］丁梦玉.中小型涉农企业融资模式研究[D].长沙：湖南农业

大学，2016.

[20] 董莉，彭永芳，董晓宏.科技型中小企业融资的困境与出路[J].银行家，2018（02）：112-114.

[21] 戴浩，柳剑平.政府补助对科技中小型企业成长的影响机理——技术创新投入的中介作用与市场环境的调节作用[J].科技进步与对策，2018，35（23）：137-145.

[22] 段姝，杨彬.财政补贴与税收优惠的创新激励效应研究——来自民营科技型企业规模与生命周期的诠释[J].科技进步与对策，2020（03）：1-8.

[23] 窦亚芹，高昕，郑明轩.数字供应链金融与科技型企业融资模式创新[J].科技管理研究，2020（08）：112-119.

[24] 范太胜.基于产业集群创新网络的协同创新机制研究[J].中国科技论坛，2008（07）：26-30.

[25] 樊霞，何悦，朱桂龙.产学研合作与企业内部研发的互补性关系研究——基于广东省部产学研合作的实证[J].科学学研究，2011，29（05）：764-770.

[26] 郭斌.知识经济下产学合作的模式、机制与绩效评价[M].北京:科学出版社，2007.

[27] 高松，庄晖，陈子健.上海科技型中小企业融资困境及对策研究[J].上海经济研究，2011（03）：83-89.

[28] 高华云.我国产学研合作的制度需求和供给分析[J].科技进步与对策，2012，29（22）：118-122.

[29] 高明华，葛伟.有影响企业家能力诸因素分析：个人特质还是环境决定？[J].黑龙江社会科学，2014（01）：49-53.

［30］贡小妹，黄帅，王家宝.专利视角下科技型企业竞争力提升路径探究——以华为公司发展的动态过程为例[J].科技管理研究，2018，38（04）：155-160.

［31］高珊.对我国涉农企业融资问题的思考[J].中国集体经济，2018（31）：112-114.

［32］何郁冰.产学研协同创新的理论模式[J].科学学研究，2012，30（02）：165-173.

［33］黄德春，陈银国，张长征.科技型企业成长支撑视角下科技金融发展指数研究[J].科技进步与对策，2013，30（20）：108-112.

［34］洪银兴.产学研协同创新的经济学分析[J].经济科学，2014（01）：56-64.

［35］何海燕，王子文，姜李丹.我国产学研协同创新影响因素研究——基于Ordered Logit模型实证分析[J].华东经济管理，2014，28（09）：106-110.

［36］黄丽君.河南省科技型小微企业成长的影响因素分析[J].现代工业经济和信息化，2016，6（01）：5-7.

［37］黄邦东.科技型中小企业成长影响因素实证研究[J].商场现代化，2018（05）：85-87.

［38］胡城瑶.我国科技型中小企业税收优惠政策激励效应及优化路径研究[D].南昌：江西财经大学，2018.

［39］简新华，杨艳琳.产业经济学[M].武汉：武汉大学出版社，2002.

［40］贾军，张卓.中国高技术企业业务协同发展实证分析[J].中

国科技论坛，2013（01）：71-77.

[41] 蒋玉涛，李纪珍，曾路.创新型企业成长政策研究[J].科技管理研究，2013，33（13）：29-37+61.

[42] 姜明辉，王思霖.银行科技型涉农信贷产品设计与定价——以龙江银行为例[J].哈尔滨工业大学学报（社会科学版），2017，19（02）：126-132.

[43] 姜安印，刘博.欠发达地区创新型企业成长模式和培育机制研究[J].攀登，2017，36（04）：49-56.

[44] 孔令富.河南省科技型小微企业发展路径研究——基于供给侧改革环境下[J].现代商贸工业，2018，39（05）：10-11.

[45] 李兆友.技术创新主体论[M].北京：民族出版社，2001.

[46] 李怀祖.管理研究方法论（第2版）[M].西安:西安交通大学出版社，2004.

[47] 吕一博，苏敬勤，傅宇.中国中小企业成长的影响因素研究——基于中国东北地区中小企业的实证研究[J].中国工业经济，2008（01）：14-23.

[48] 林毅夫.新结构经济学[M].北京：北京大学出版社，2012.

[49] 李菁，揭筱纹.规模型与能力型农业科技企业成长路径研究[J].科技进步与对策，2012，29（06）：14-17

[50] 刘立，王博，潘雄锋.能力演化与科技创业企业成长——光洋科技公司案例分析[J].科研管理，2012，33（06）：16-23.

[51] 罗公利，边伟军，李静.科技创业企业成长影响因素研

究——基于山东省调查数据的分析[J].科技进步与对策，
2012，29（23）：94-99.

[52] 卢章平，晓晶.国家和地方科技成果转化政策对比分析[J].
图书情报工作，2012，56（24）：83-88.

[53] 李梅芳，赵永翔，唐振鹏.产学研合作成效关键影响因素
研究[J].科学学研究，2012，12（30）：1871-1880.

[54] 刘军.创新型经济下的高校创新行为与创新模式[J].开发研
究，2013（05）：158-159.

[55] 刘炜，樊霞，吴进.企业产学研合作倾向的影响因素研究
[J].管理学报，2013，10（05）：740-745.

[56] 逯宇铎，张艳艳，毛健.科技型小微企业发展环境及政策
支撑体系研究[J].科技进步与对策，2013，30（18）：66-
69.

[57] 李森森，刘德胜.企业集群、区域创新网络与科技型小微
企业成长[J].东岳论丛，2014，35（01）：145-151.

[58] 罗永泰，任洪源.滨海新区科技型企业创新驱动发展路径
研究[J].天津师范大学学报（社会科学版），2014（04）：
47-51.

[59] 刘素荣，刘玉洁.融资约束对企业成长的影响——基于创
业板科技型企业数据[J].工业技术经济，2015（04）：13-
19.

[60] 吕峰.组织原型、创业领导力与科技创业企业成长路径及
内在机理研究[J].科学学与科学技术管理，2016，37
（06）：99-111.

［61］李丽菲."互联网+"背景下我国科技型中小企业融资问题研究[J].管理工程师，2017，22（06）：19-22.

［62］连平.政府在科技金融制度中具有重要作用[J].经济研究参考，2017（71）：29.

［63］李天赐.科技型中小企业成长影响因素分析及评价研究[D].淮南：安徽理工大学，2017.

［64］刘沛旭.协同创新视角下山西省科技型小微企业成长机理研究[D].太原：山西财经大学，2017.

［65］刘倩，陈静.科技型小微企业创新能力提升路径研究[J].创新科技，2018，18（01）：12-15.

［66］马力，马美双.企业伦理、绿色创业导向与竞争优势关系研究——以新创科技型企业为例[J].科技进步与对策，2018，35（03）：80-86.

［67］吕鑫.关于构建涉农企业融资体系的思考[J].中国市场，2018（30）：56-57.

［68］李惠丽.科技型中小企业自主创新能力提升对策分析[J].科技资讯，2019（33）：119-121.

［69］马永红，李柏洲，刘拓.我国中小型高科技企业成长环境评价研究[J].科技进步与对策，2006（06）：95－97.

［70］马丽仪，杨宜.基于科技金融网络的高技术企业成长机制研究[J].科研管理，2013，34（S1）：339-342.

［71］牟笛瑞.长春市科技型中小企业发展现状及对策研究[J].中国高新科技，2017，1（11）：11-13.

［72］毛秋红，贺明，曾兰英.2016年贵州省科技型企业成长梯

队分析[J].中国科技信息，2017（20）：93-94，16.

[73] 马秀贞，振鹏，宋福杰.政策创新与科技型中小企业发展——以青岛市为例[J].青岛行政学院学报，2018（02）：11-18.

[74] 慕春晖，冯雄利，杨小兰.贵州省科技型中小企业梯队培育政策研究[J].内蒙古科技与经济，2018（16）：17-18.

[75] 庞敏.科技型中小微企业成长能力评价研究[J].经济体制改革，2015（04）：123-128.

[76] 彭永芳，董莉，杨建朝.影响科技型中小企业成长的环境因素及对策分析[J].河北企业，2018（03）：54-56.

[77] 邱国栋.价值生成分析：一个协同效应的理论框架[J].中国工业经济，2007（06）：88-95.

[78] 秦剑.营销资源和技术资源的互补、替代效应与创业型企业的新产品开发[J].科学学与科学技术管理，2011，32（02）：133-139.

[79] 钱锡红,徐万里,杨永福.基于战略联盟的科技型中小企业成长研究——以诺信公司为例[J].软科学，2010，24（05）：87-89+94.

[80] 全利平，蒋晓阳.协同创新网络组织实现创新协同的路径选择[J].科技进步与对策，2011，28（09）：15-19.

[81] 芮明杰，张琰.产业创新战略—基于网络状产业链内知识创新平台的研究[M].上海：上海财经大学出版社，2009.

[82] 芮明杰，李想.网络状产业链构造与运行[M].上海：格致出版社，2009.

[83] 饶文英.科技型企业融资体系构建之探讨[J].农村经济与科技, 2018, 29 (02): 126-127.

[84] 宋清, 胡雅杰, 李志祥.促进科技型创业企业成长的孵化要素实证研究[J].科学学与科学技术管理, 2011, 32 (05): 108-114.

[85] 孙丽华.科技型中小企业家能力及其对企业成长的影响研究[D].济南: 山东大学, 2017.

[86] 单标安, 鲁喜凤, 郭海, 杨亚倩.创始人的人格特质对科技型新企业成长的影响研究[J].管理学报, 2018, 15 (05): 687-694.

[87] 田雨晴, 赵驰.科技型中小企业成长路径研究——一个理论分析框架的提出[J].科技进步与对策, 2011, 28 (22): 70-74.

[88] 陶秋燕, 孟猛猛.网络嵌入性、技术创新和中小企业成长研究[J].科研管理, 2017, 38 (S1): 515-524.

[89] 王旭, 刘玉国.科技型企业生命周期及其特征分析[J].工业技术经济, 2003 (04): 79-80.

[90] 王峰, 张俊飚.我国农业科技型企业发展外向经济问题研究[J].青海社会科学, 2004 (05): 44-46.

[91] 万钢.强化种业科技创新支撑现代农业发展[J].中国软科学, 2012 (02): 1-4.

[92] 吴悦, 顾新.产学研协同创新的知识协同过程研究[J].中国科技论坛, 2012 (10): 17-23.

[93] 吴晓波.科技型企业创新发展策略研究[J].科技创业家,

2013（02）：239-240.

［94］王丽平，钱周春，梁晓琴.基于扎根理论的科技型中小企业成长衍生扩散内生动力研究[J].科技进步与对策，2013，30（05）：95-100.

［95］王彦勇，苏奕婷.企业家对中小型科技企业成长的影响评价比较研究[J].山东社会科学，2013（08）：182-187.

［96］王洪生.融资环境、融资能力与中小型科技企业成长[J].当代经济研究，2014（03）：86-91.

［97］汪锋，方炜俊.促进我国科技型中小企业成长的对策研究[J].宏观经济研究，2014（11）：20-29.

［98］王艳子.基于企业家能力的资源型创业企业成长研究——以山西安泰集团和山西海鑫集团为例[J].科技进步与对策，2016（01）：69-75.

［99］王博.现代国有科技型企业人员激励途径研究[J].商场现代化，2018（03）：102.

［100］王雪荣，侯新.科技型中小企业存在的融资问题及对策[J].对外经贸，2018（07）：138-139.

［101］王宏.河北省科技型中小企业成长外部环境研究[D].石家庄：河北师范大学，2018.

［102］武华，张文松.生态位视域下科技型中小企业初创期的成长动力及发展策略[J].企业经济，2019（01）：27-33.

［103］李平，刘志勇.发展中国家技术创新的特点及其对策[J].南开经济研究，2001（06）：45-48.

［104］熊彼特.经济发展理论[M].北京:商务印书馆，1990.

［105］谢园园，梅姝娥，仲伟俊.产学研合作行为及模式选择影响因素的实证研究[J].科学学与科学技术管理，2011，32（03）：35-43.

［106］夏红云.产学研协同创新动力机制研究[J].科学管理研究，2014，32（06）：21-24.

［107］解学梅.企业协同创新影响因素与协同程度多维关系实证研究[J].科研管理，2015，36（02）：69-78.

［108］谢玲红，毛世平.中国涉农企业科技创新现状、影响因素与对策[J].农业经济问题，2016，37（05）：87-96.

［109］许静.国内外科技型中小企业技术创新驱动因素比较研究[J].齐齐哈尔大学学报(哲学社会科学版)，2018（02）：65-69.

［110］亚当·斯密.国民财富的性质和原因的研究[M].北京：北京商务印书馆，1972.

［111］杨公朴，夏大慰.现代产业经济学[M].上海：上海财经大学出版社，2002.

［112］叶伟巍.基于主导设计视角的产学合作创新机制研究[J].科学学研究，2009，27（4）：610-615.

［113］杨波.科技型企业投融资体系建设研究——基于企业成长周期视角[J].宏观经济研究，2011（05）：64-69.

［114］袁宇，战书彬.科技型小微企业的成长路径研究:从微观到宏观[J].区域经济评论，2014（03）：75-79.

［115］袁腾，王国红，周建林.科技型集群企业成长评价——基于社会资本的视角[J].技术经济，2014，33（06）：1-6.

［116］于丽文.涉农企业科技人才的激励机制研究[D].长沙：湖南农业大学，2016.

［117］余维臻，李文杰.核心资源、协同创新与科技型小微企业成长[J].科技进步与对策，2016，33（06）：94-101.

［118］杨汉明，刘长进，杨婉君，胡婧哲.政策支持对科技型小微企业成长的影响[J].统计与决策，2016（13）：181-184.

［119］杨伟东.江苏科技型中小企业开放式创新途径选择与扶持政策研究[J].科技创新导报，2018（36）：197-204.

［120］颜赛燕.基于AHP-模糊数学综合评价的科技型中小企业融资效果研究[J].工业技术经济，2020（03）：75-81.

［121］颜军梅，万波，石军.科技型中小企业金融接力支持创新研究——基于扎根理论的多案例探索[J].科技进步与对策，2020（06）：1-8.

［122］张耀辉.产业创新:新经济下的产业升级模式[J].数量经济技术经济研究，2002（01）：14-17.

［123］张耀辉.产业创新的理论探索—高新产业发展规律研究[M].北京：中国计划出版社，2002.

［124］朱桂龙.产学研合作创新网络组织模式及其运作机制研究[J].软科学，2003,17(04):49-52.

［125］张治河,胡树华.产业创新系统模型的构建与分析[J].科研管理，2006,27(02):36-39.

［126］张丹宁,唐晓华.产业网络及其分类研究[J].中国工业经济，2008（02）：57-65.

［127］郑刚,朱凌.全面协同创新:一个五阶段全面协同过程模型:

基于海尔集团的案例研究[J].管理工程学报，2008，22（02）：24-30.

[128] 赵文红，邵建春，尉俊东.参与度、信任与合作效果的关系[J].南开管理评论，2008，11（03）：51-57.

[129] 朱桂龙，李奎艳.大学-企业合作创新绩效影响因素分析[J].科技管理研究，2008（04）：90-92.

[130] 周怀乐，韩丽川.互补资源对企业合作创新的影响分析[J].科学技术与工程，2009，9（09）：2532-2535.

[131] 张玉明，刘德胜.中小型科技企业成长机制评价——指数构建与实证研究[J].软科学，2009，23（11）：107-113.

[132] 张玉明，段升森.仿生学视角的中小型科技企业成长机制模型构建[J].重庆大学学报（社会科学版），2010，16（04）：50-54.

[133] 张玉明，刘德胜.企业文化、人力资源与中小型科技企业成长关系研究[J].科技进步与对策，2010，27（05）：82-89.

[134] 赵岑，姜彦福.中国企业战略联盟伙伴特征匹配标准实证研究[J].科学学研究，2010，28（04）：558-565.

[135] 张庆昌，唐红.信息不对称条件下的中国民营企业技术创新[J].产业经济研究，2011（01）：72-79.

[136] 赵驰，汪建，周勤.知识资本视角下企业成长路径研究——以科技型中小企业为例[J].商业经济与管理，2011（12）：61-69.

[137] 庄越，李燕冰，秦远建.创新环境激励与企业成长：基于

中部创新型企业的实证[J].科技进步与对策，2012，29（01）：86-90.

［138］赵立雨.基于协同创新的技术创新网络扩张研究[J].科技进步与对策，2012，29(22): 11-14.

［139］赵峰，徐志平.支持涉农科技型种子企业发展的问题及对策[J].农业发展与金融，2012（06）：26-27.

［140］赵驰，周勤.科技型中小企业R＆D投资、人力资本投资与企业成长路径的关系——基于面板数据的实证研究[J].科技进步与对策，2012，29（14）：75-82.

［141］张树明，张新.政策法律环境对中小型科技企业成长影响的实证[J].山东大学学报（哲学社会科学版），2014（01）：103-110.

［142］周霞，宋清.科技型企业成长性实证研究——基于财务的视角[J].财会通讯，2014（08）：46-47.

［143］曾国平，温贤江.软环境对科技型小微企业成长力作用机理研究——以重庆微型企业孵化基地为例[J].科技进步与对策，2014，31（09）：106-110.

［144］朱福林.中小企业成长的社会网络关系研究[J].科学学研究，2014，32（10）：1539-1545.

［145］张鲁秀，王鹏，刘德胜.科技型中小企业成长因素模型及实证研究[J].科技管理研究，2016（01）：95-102.

［146］朱福林，陶秋燕，朱晓妹.社会资本强度导致创新绩效与企业成长差异？——基于北京市200多家科技型中小微企业的实证研究[J].产经评论，2016（05）：115-131.

［147］赵海燕.基于CAS集群合作对中小型科技企业成长的影响机理[J].科学管理研究，2017，35（03）：79-82.

［148］张立光.科技型中小微企业融资结构影响因素的实证研究[J].金融理论与实践，2017（11）：35-42.

［149］邹国平,郭韬,任雪娇.区域环境因素对科技型企业规模的影响研究——组织学习和智力资本的中介作用[J].管理评论，2017，29（05）：52-63.

［150］张鹏飞.双创背景下四川省科技型小微企业成长的影响因素研究[D].绵阳：西南科技大学，2017.

［151］张诚.基于投贷联动视角的科技型企业融资模式选择研究[J].金融理论与实践，2018（03）：84-88.

［152］赵琳.基于共享经济视角大学生选择科技型小微企业创业模式研究[J].现代交际，2018（08）：53.

［153］朱福林，何勤，王晓芳.社会资本、吸收能力与企业成长——基于286家北京中小微科技型企业的经验分析[J].华东经济管理，2018，32（09）：132-143.

［154］周国林，李耀尧，周建波.中小企业、科技管理与创新经济发展——基于中国国家高新区科技型中小企业成长的经验分析[J].管理世界，2018（11）：188-189.

［155］展进涛，邵兴娟，徐萌.政府补贴对农业企业R&D投资行为的影响研究[J].科研管理，2019，40（04）：103-111.

［156］张振刚，沈鹤，余传鹏.外部知识搜寻及其双元性对科技型中小企业管理创新的影响[J].科技进步与对策，2020（06）：1-8.

［157］张良.基于生命周期的中小企业智力资本对财务绩效的影响[J].科技与管理，2021，23（02）：30-37.

［158］Arndt, Sven and Henryk Kierzkowski. Fragmentation: New Production and Trade Patterns in the World Economy[M]. Oxford: Oxford University Press, 2001.

［159］Alston, Julian M, Venner, Raymond J.The Effects of the US Plant Variety Protection Acton Wheat Genetic Improvement [J]. Research Policy, 2002, 31(14): 61-68.

［160］Ajax Persaud. Enhancing Synergistic Innovative Capability in Multinational Corporations: An Empirical Investigation[J]. Journal of Product Innovation Management, 2005, 22(05): 91-96.

［161］Arza V, Lopez A.Firms' linkages with public research organisations in Argentina:Drivers，perceptions and behaviours[J]. Technovation, 2011, 31(08): 384-400.

［162］Ari Hytinen, Otto Toivanen. Do financial constraints hold back innovation and growth Evidence on the role of public policy[J]. Joural of Monetary Economics, 2012, 59(02): 166-179.

［163］Barnes, Pashby, Gibbons.Effective University-Industry Interaction: A Multi-Case Evaluation of Collaborative R&D Projects[J]. European Management, 2002, 20(03): 272-285.

［164］Bowonder. Financial Innovations And Endogenous Growth[J]. Depanrtment of Economics Working Papers Series, 2002, (24): 1-24.

［165］ Bain J S. Industrial organization[M]. New York: John Wiley, 1959.

［166］ Barnes, Pashby, Gibbons. Effective University—Industry Interaction: A Multi—Case Evaluation of Collaborative R&D Projects[J]. European Management, 2002, 20(03): 272–285.

［167］ Bruno G S F, Orsenigo A. Variables influencing industrial funding of academic research in Italy: An empirical analysis [J]. International Journal of Technology Management, 2003, 26 (2/4): 277–302.

［168］ Boschma R. Proximity and innovation: A critical assessment[J]. Regional Studies, 2005, 39(01): 61–74.

［169］ Bercovitz J, Feldman M. Entrepreneurial universities and technology transfer: a conceptual framework for understanding knowledge—based economic development[J]. Journal of Technology Transfer, 2008, 31 (01): 175–188.

［170］ Bjerregaard T. Industry and academia in convergence: Micro-institutional dimensions of R & D collaboration[J]. Technovation, 2010, 30(02): 100–108.

［171］ Bin Wang, Xiufang Wang, Jianzhong Wang. Construction and empirical analysis of agricultural science and technology enterprises investment risk evaluation index system[J]. IERI Procedia, 2012(02): 31–36.

［172］ Chandler G N, Hanks S H. Founder competence, the environment and ventureperformance[J]. Entrepreneurship Theory and

Practice, 1994(03): 77-89.

[173] Cromwell E. Governments, farmers and seeds in a changing afriea overseas development institute[J]. CAB international Walling ford in UK, 1996(01): 65-69.

[174] Cyert R M, Goodman P S. Creating effective university industry alliances: An organizational learning perspective[J].Organizational Dynamics,1997,5(01):45-57.

[175] Chesbrough H W. Open innovation[M]. Boston:Harvard Business School Press, 2003.

[176] Chan Kim W, Renee Mauborgne. Blue ocean strategy: How to create uncontested market space and make the competition irrelevant[J]. Harvard Business Review, 2004, (10): 161-163.

[177] Cares Jeff. Battle of the networks[J]. Harvard Business Review, 2006, 84(02): 40-41.

[178] Crespo M and Dridi H. Intensification of university industry relationships and its impact on academic research[J]. Higher Education, 2007, 54(01): 61-84.

[179] Cassiman B, Di Guardo M C, Valentini G. Organizing R & D projects to profit from innovation:Insights from coopetition[J]. Long Range Planning, 2009(42): 216-233.

[180] Douglas J E. Suecessful seed programs:A planning and management guide[M]. Westview: Westview Boulder Press, 1980.

[181] DiMaggio P J, Powell W W. The Iron Cage Revisited: Institutional Isomorphism and Collective Rationality in Institutional

Fields[J]. American Sociological Review, 1983(48): 147–160.

[182] Davthpor T H, Prusak L. Working knowledge: how organizations manage what they know[M]. Boston, MA: Harvard Business School Press, 1998.

[183] Drejer I J, Rgensen B H. The dynamic creation of knowledge: Analyzing public–private collaborations[J]. Technovation, 2005, 25 (02): 83–94.

[184] Dardeno T A, Chou S H, Moon H S, et al. Leptin in human physiology and therapeutics[J]. Frontiers in Neuroendocrinology, 2010, 31(03): 377–393.

[185] Evenson R E, Gollin D. Crop Variety Improvement and its Effect on Productivity: The Impact of International Agricultural Research[M]. CABI Publishing, Wallingford, UK, 2003.

[186] Este P and Patel P. University industry linkages in the UK: What are the factors underlying the variety of interactions with industry?[J]. Research Policy, 2007, 36(09): 1295–1313.

[187] Escribano A, Fosfuri A, Tribó J A. Managing external knowledge flows: The moderating role of absorptive capacity[J]. Research Policy, 2009, 38(01): 96–105.

[188] Eom B Y and Lee K. Determinants of industry academy linkages and their impact on firm performance:The case of Korea as a late comer in knowledge industrialization[J]. Research Policy, 2010, 39(05): 625–639.

[189] Feenstra Robert C. Integration of Trade and Disinte-gration of

Production in the Global Economy[J]. Journal of Economic Perspectives, 1998(12): 31-50.

[190] Fontana R, Geuna A, Matt M. Factors affecting university industry R&D projects: The importance of researching, screening and signaling[J]. Research Policy, 2006, 35(02): 309-323.

[191] Faria P, Lima F, Santos R.Cooperation in innovation activities: The importance of partners[J]. Research Policy, 2010, 39(08): 1082-1092.

[192] Fawcett S E, Waller M A.Mitigating the myopia of dominant logics: On differential performance and strategic supply chain research[J]. Journal of Business Logistics, 2012, 33(03): 173-180.

[193] Fiaz M. An empirical study of university-industry R & D collaboration in China: Implications for technology in society[J]. Technology in Society, 2013, 35(03): 191-202.

[194] Geisler E. Industry-university technology cooperation:a theory of inter-organizatinal relationships[J]. Technology Analysis and Strategic Management, 1995(07): 217-229.

[195] Grant H. University industry research partnerships in Australia: Extent, benefits and risks[J]. Higher Education Research and Development, 2001, 20(03): 245-264.

[196] Gereffi G. Global Production Systems and Third World Development[M]. Cambridge: Cambridge University Press, 2002.

[197] Gereffi G, Humphrey J, Sturggeon T. The governance of global

value chains: An analytic framework[J]. The Bellagio Conference on Global Value Chains, 2003(04): 10−12.

[198] Gereffi G, Humphrey J, Sturgeon T. The governance of global value Chains[J]. Review of international Political Economy, 2005(12): 1345−1369.

[199] Geuna A, Nesta L. University patenting and its effects on academic research: the emerging European evidence[J]. Research Policy, 2006, 35(06): 790−807.

[200] Graham Beaver. The strategy pay off for smaller enterprises[J]. Journal of Business Strategy,2007, 28(01): 16−21.

[201] Giuliania E, Arzab V. What drives the formation of valuable university−industry linkages? Insights from the wine industry [J]. Research Policy, 2009, 38(06): 906−921.

[202] Houlihan, John B. International Supply Chains: A New APProach[J]. Management Decision, 1988, 26(03): 13−19.

[203] Harhoff D, Rgibeau P, Rockett K, et al. Some simple economics of GM food [J]. Economic Policy, 2001, 16(33): 263−299.

[204] Humphrey J, Schmitz H. How does insertion in global value Chains affect upgrading in industrial clusters? [J]. Regional studies, 2002, 36(09): 1017−1027.

[205] Hardy C, Phillips N, Lawrence T B. Resources knowledge and influence: The organization effects of interorganizational collaboration[J]. Journal of Management Studies, 2003, 40(02): 321−347.

[206] Hytinen A, Toivanen O. Do financial constraints hold back innovation and growth evidence on the role of public policy[J]. Joural of Monetary Economics, 2012, 59(02): 166−179.

[207] Ikujiro Nonaka.The Concept of Ba: Building a Foundation for Knowledge Creation[J]. Berkeley California Management Review, 1998(01): 91−96.

[208] Jie Yang. Innovation capability and corporate growth: An empirical investigation in China[J]. Journal of Engineering and Technology Management, 2012, 29(01): 31−36.

[209] Jiming Du, Bo Yu, Xilong Yao.Selection of leading industries for coal resource cities based on coupling coordination of industry's technological innovation[J]. International Journal of Mining Science and Technology, 2012, 22(03): 317−321.

[210] Juma C. Complexity, innovation and development: Schumpeter revisited [J]. Policy and Complex Systems, 2014, 1(01): 4−21.

[211] Kogut B. Designing global strategies: comparative and competitive value−added chains[J]. Sloan Management Review, 1985, 26(04): 15−28.

[212] Kogut B, Zander U.Knowledge of the firm, combinative capabilities and the replication of technology[J]. Organization Science, 1992(03): 61−69.

[212] Krugman P. Growing world trade[J]. Brookings Papers on Economic Activity, 1995(01): 327−377.

[213] Kaplinsky R. Globalization and unequalisation: What can be learned from value chain analysis? [J]. Journal of Development Studies, 2000, 37(02): 117−146.

[214] Krusell P, Ohanian L, Rios−Rull J V, et al. Capital−skill complementarity and inequality: A macroeconomic analysis[J]. Econometrica, 2000, 68(05): 1029−1053.

[215] Kaplinsky R M, Morris. A handbook for value market chain research[M]. Canada: IDRC, 2001.

[216] Keleman A, Hellin J, Bellon M R. Maize diversity, rural development policy and farmers'practices: lessons from Chiapas[J]. Mexicoraphical Journal, 2009, 175(01): 52−70.

[217] Kajikawa Y,Takeda Y,Sakata I,et al. Multiscale analysis of interfirm networks in regional clusters[J]. Technovation, 2010, 30(03): 168−180.

[218] Lopez −Martinez R E, et al. Motivations and obstacles to university industry cooperation (UIC): a Mexcian case[J]. R & D Management, 1994, 24(01): 17−31.

[219] Lee Y S. Technology transfer and the research university: a search for the boundaries of university−industry collaboration [J]. Research Policy, l996, 25 (06): 843−863.

[220] Lesser W H. Assessing the implications of intellectual property rights on plant and animal agriculture[J]. American Journal of Agricultural Economics, 1997, 79(05): 1584−1591.

[221] Latimer A. Credit Scoring: A tool for More Efficient SME

Lending[J].Sme Issues,2000(54):319-339.

[222] Laursen K, Salter A. Searching low and high: What types of firms use universities as a source of innovation? [J]. Research Policy, 2004, 33(08): 1201-1215.

[223] Lopez A. Determinants of R & D cooperation: Evidence from Spanish manufacturing firms[J]. International Journal of Industrial Organization, 2008, 26(01): 113-136.

[224] Lawrence O, Charles G, Choate K, et al. Collaborative innovation throughout the extended enterprise[J]. Strategy & Leadership, 2008, 36(01): 39-45.

[225] Leea K J, Ohtab T, Kakehib K. Formal boundary spanning by industry liaison of? ces and the changing pattern of university-industry cooperative research: the case of the University of Tokyo[J]. Technology Analysis & Strategic Management, 2010, 22 (02): 189-206.

[226] Lee S, Park G, Yoon B. Open innovation in SMEs—An intermediated network model[J]. Research Policy, 2010, 39(02): 290-300.

[227] Li Shiqi. The positive role of governance in the way environmental policies impact technological innovation[J]. 2018(02): 271-282.

[228] Mahoney J T, Pandian J R. The Resource-Based View within the Conversation of Strategic Management[J]. Strategic Management Journal, 1992, 15(05): 363-380.

［229］ Milgrom P, Roberts J. The economics of modern manufacturing: Reply[J]. American Economic Review, 1995, 85(04): 997–999.

［230］ Merchant J E. The role of government in a market economy:Future strategies for the high–tech industry in America[J]. International Journal of Production Economics, 1997(52): 17–31.

［231］ Mowery D C. Collaborative R&D: How effective is it ?[J]. Issues in Science and Technology, 1998, 15(01): 37–44.

［232］ Mary C, Carras. The mother of all life: Indian agricultural interests at the WTO's ministerial conference in seattle[J]. Washington World Affairs, 1999, 3 (04):1–9.

［233］ Mullainathan S, Scharfsein D. Do firm boundariesmatter ?[J]. American Economic Review, 2001 (05): 195–199.

［234］ Mohnen P, Hoareau C. What type of enterprise forges close links with universities and government labs? Evidence from CIS[J]. Managerial and Decision Economics, 2003, 24(01): 133–145.

［235］ Magdalena Kropiwnicka. Biotechnology and food security in developing countries[J]. Journal on Science and World Affairs, 2005, 1(01): 45–60.

［236］ Martinez Román A, Gamero J A, Tamayo J. Analysis of innovation in SMEs using an innovative capability based nonlinear model: A study in theprovince of Seville[J]. Technovation, 2011, 31(09): 459–475.

［237］ Megha Mukim. Does agglomeration boost innovation? An econometric evaluation[J]. Spatial Economic Analysis, 2012, 7 (03): 51−59.

［238］ Maribel Guerrero, David Urbano. The impact of Triple Helix agents on entrepreneurial innovations performance: An inside look at enterprises located in an emerging economy[J]. Technological Forecasting & Social Change, 2016, 16(01): 23−26.

［239］ Nohria N, Garcia−Pont C. Global strategic linkages and industry structure[J]. Strategic Management Journal, 1991, 12(S1): 105−124.

［240］ Nieto M J, Santama ría L.The importance of diverse collaborative networks for the novelty of product innovation[J]. Technovation, 2007, 27(06): 367−377.

［241］ Okamuro H, Kato M, Honjo Y. Determinants of R&D cooperation in Japanese start ups[J]. Research Policy, 2011, 40(05): 728−738.

［242］ Oke A, Kach A.Linking sourcing and collaborative strategies to financial performance: The role of operational innovation[J]. Journal of Purchasing and Supply Management, 2012, 18(01): 46−59.

［243］ Ozcan S, Islam N. Collaborative networks and technology clusters——The case of nanowire[J]. Technological Forecasting and Social Change, 2014, 82(02): 115−131.

［244］ Persaud A. Enhancing synergistic innovative capability in multinational corporations: An empirical investigation[J]. Journal of Product Innovation Management, 2005, 22 (05): 412–429.

[245] Polgreen L, Silos P. Capital–skill complementarity and inequality: A sensitivity analysis[J]. Review of Economic Dynamics, 2008 (11): 302–313.

[246] Pavlou A, Sawy A. Understanding the elusive blackbox of dynamic capabilities[J]. Decision Sciences, 2011, 42(01): 239 – 273.

[247] Paulo Maas, Zelia Serrasqueiro, Joao Leitao. Is there a linear relationship between R&D intensity and growth?Empirical evidence of non–high–tech high–tech SMES[J]. Research Policy, 2012, 41(01): 36–53.

[248] Ping LI, Ruimei WANG, Xun ZHENG. Technological Innovation Characteristics and Capacity Enhancement Ways for the Agricultural Science and Technology Enterprises in Beijing City[J]. Asian Agricultural Research, 2016, 8(04): 37–41.

[249] Rothwell, R. Small and Medium Sized Firms and Technological Innovation[J]. Management Decision, 1978(16): 61–65.

[250] Richard C M Y, Jian C G, Kit F P, et al. An audit of technological innovation capabilities in chinese firms: some empirical findings in Beijing, China[J]. Research Policy, 2004, 33(08): 61–69.

[251] Ritala P, Hurmelinna–Laukkanen P. What's in it for me? Cre-

ating and appropriating value in innovation-related coopetition[J]. Technovation, 2009, 29(12): 819-828.

[252] Roland W, Schmitt. Conflict or synergy: university industry research relations[J]. Accountability in Research, 2011(05): 251-254.

[253] Shiva V. The Seed of Our Future[J]. Development Journal, 1996(04): 135-139.

[254] Schartinger D, Schibany A, Gassler H. Interactive relations between university and firms: Empirical evidence for Austria[J]. Journal of Technology Transfer, 2001, 26(03): 255-268.

[255] Sturgeon T. Modular Production Networks: A New American Model of Industrial Organization [J]. Industrial and Corporate Change, 2002, 11(03): 6-11.

[256] Schubert, Robert. Farming's New Feudalism[J]. World Watch, 2005, 18(03): 131-135.

[257] Stewart Thornhill. Knowledge, innovation and firm performance in high and low technology regimes[J]. Journal of Business Venturing, 2005, 21(05): 61-65.

[258] Samuel Burer, Phili P C, Jones, et al. Applications Coordinating the Supply Chain in the Agricultural Seed Industry[J]. European Journal of Operational Research, 2008(185): 354-377.

[259] Schiuma G, Lerro A. Knowledge-based capital in building re-

gional innovation capacity[J]. Knowledge Management, 2008, 12(05): 121-136.

[260] Stam ,Wennberg. The roles of R & D in new firm growth[J]. Small Business Economics, 2009(33): 77-89.

[261] Schwartz M, Peglow F, Fritsch M et al. What drives innovation output from subsidized R & D cooperation? Project-level evidence from Germany[J]. Technovation, 2012, 32(06): 358-369.

[262] Thorsten Beck. Financial development and international trade[J]. Journal of International Economics, 2002, 57(01): 31-36.

[263] Thorgren S, Wincent J, rtqvist D.Designing interorganizational networks for innovation: An empirical examination of network configuration, formation and governance[J]. Journal of Engineering and Technology Management, 2009, 26(03): 148-166.

[264] Tomlinson P R. Co-operative ties and innovation: Some new evidence for UK manufacturing[J]. Research Policy, 2010, 39 (06): 762-775.

[265] Trigo A, Vence X. Scope and patterns of innovation cooperation in Spanish service enterprises[J]. Research Policy, 2012, 41(03): 602-613.

[266] Tereza. Innovative initiatives supporting inclusive innovation in India: social business sincubation and microventure capitail [J]. Technological Forecasting and social Change, 2012, 79

(04): 638-647.

[267] Vuola O, Hameri A P.Mutually benefiting joint innovation process between industry and big-science[J]. Technovation, 2006, 26(01): 3-12.

[268] Veronica Serrano, Thomas Fischer. Collaborative innovation in ubiquitous systems[J]. Internationalmanufacturing Journal, 2007(18): 599 - 615.

[269] Williamson O E. The Modern Corporation: Origins, Evolution, Attributes[J]. Journal of Ecomomic Literature, 1981, 19(04): 1537-1568.

[270] Williamson O E. The Economic Institutions of Capitalism: Firms, Markets, Relational Contracting [M]. New York: The Free Press, 1985(05): 237-252.

[271] Welsh, Michael, Luther Tweeten. The Economics of Agricultural Biotechnology: Discussion[J]. American Journal of Agricultural Economics, 1987, 69(02): 440-442.

[272] Wilkinson I, Young L.On Cooperating: Firms, Relations, Networks[J]. Journal of Business Research, 2002, 55(02): 31-36.

[273] Yong S, Lee. Technology transfer and the research university: a search for the boundaries of university-industry collaboration[J]. Research policy, 1996, 25(09): 843-863.

[274] Yang C H, Woo R J. Do Stronger Intellectual Property Rights Induce More Agro-Trade? A Dynamic Panel Data Model Applied to Planting Seed Trade[J]. Agricultural Economics,

2006, 35(01): 91-101.

[275] Zeng S X, Xie X M, Tam C M. Relationship between coopera-tion networks and innovation performance of SMEs[J]. Techno-vation, 2010, 30(03): 181-194.